Publié de manière originale par
Maison des Publications Nazaréennes d'Afrique © 2012

P.O. Box 44, Park Forida, 1719, Afrique du Sud

Cette edition est publiée par les Publications Régionales de Mésoamérique,
Église du Nazaréen © 2016

Ministères de la Formation de Disciples - Région Mésoamérique

Eglise du Nazaréen, GUATEMALA

ISBN 978-1-56344-822-5

Leçons pour l'école du dimanche pour adultes - Tome 15

Idées pour l'enseignement des adultes	3
Comment présenter une leçon d'ecole dominicale	4
Conseils utiles pour l'enseignement des adultes	4

Première partie : LA TRINITE

1.	Adorer un seul Dieu	6
2.	Adorer un Dieu saint	8
3.	Jésus-Christ, l'humble serviteur	10
4.	La divinité du Saint-Esprit	12
5.	Le Saint-Esprit est une personne	14
6.	L'œuvre du Saint-Esprit	16
7.	Les Saintes Ecritures	18

Deuxième partie: LE PECHE PERSONNEL ET LE PECHE ORIGINEL

8.	Le péché comme violation de la loi connue de Dieu	20
9.	Le péché comme incrédulité envers Jésus-Christ	22
10.	Le péché comme échec à aimer les autres croyants	24
11.	Le péché comme tendance innée à pécher	26
12.	Existe-t-il une différence entre le péché personnel et le péché inné?	28

Troisième partie: LA GRACE DE DIEU ET LA REPENTANCE

13.	L'expiation que Dieu a faite pour les Israélites	30
14.	L'expiation que Dieu a accomplie pour les pécheurs	32
15.	La grâce prévenante	34
16.	Nous croyons en la repentance	36
17.	Un exemple de repentance qui mène à Dieu	38
18.	Nous croyons en la justification	40
19.	Ce que vous devez comprendre par régénération?	42
20.	Ce que vous devez comprendre par adoption?	44

Quatrième partie: VOTRE SALUT DANS SON INTEGRALITE

21.	Le salut: la purification de la tendance au péché	46
22.	Le salut: une vie remplie du Saint-Esprit	48

Cinquième partie: L'EGLISE

23.	L'église: un lieu auquel appartenir	50
24.	Le baptême: un symbole du salut	52
25.	La sainte cène: la rencontre à la table de Jésus	54
26	La guérison divine: l'acte de miséricorde de Dieu	56

Sixième partie: LA FIN DES TEMPS

27.	Les signes du Retour de Christ	58
28.	La seconde venue de Christ	60
29.	Le jour du jugement	62
30.	Notre destinée finale	64

Septième partie: ALLIANCE DE LA CONDUITE CHRETIENNE

31.	Les chrétiens et les divertissements	66
32.	Les pratiques mondaines à éviter	68
33.	La vie humaine est précieuse	70
34.	La sexualité humaine	72
35.	Moi et mes biens nous appartenons à Dieu	74
36.	Es-tu un voleur ?	76
37.	Pourquoi les responsables d'églises doivent-ils avoir des qualifications?	78
38.	L'ordre dans le corps de Christ est une nécessité	80
39.	Un mariage heureux (1ère partie)	82
40.	Un mariage heureux (2ème partie)	84

Idées pour l'enseignement des adultes

Il y a deux qualités nécessaires pour être un enseignant d'école du dimanche: Vous devez aimer Dieu et le peuple.

La chose la plus importante que vous devez faire est d'aider vos élèves l'expérience avec l'amour de Dieu. Vous pouvez le faire en vivant votre relation personnelle avec Jésus en présence d'eux et en leur apprenant à avoir leur propre relation personnelle avec Dieu.

Suivez les instructions sur la façon de préparer une leçon d'école dominicale. Ensuite, suivez ces lignes directrices sur la façon de présenter une leçon d'école dominicale:

Comment préparer une leçon d'école dominicale
Le début de l'année

Au commencement de cette année de l'enseignement, il faut prendre environ deux heures pour mettre toutes les choses que vous aurez a utiliser normalement à l'école dominicale dans un paquet ou une boîte. Cela permettra de réduire le temps de chaque semaine qui pourrait être autrement consacré à la recherche des différents articles, puisque vous saurez où elles sont. Il faut avoir un registre des adresses, des anniversaires, et les coordonnées de tous les élèves de votre classe.

Brièvement, lisez le livre entier des leçons pour avoir une idée de différentes emphases mensuelles.

Cela vous donnera une vue d'ensemble et un sens de l'orientation. Vous saurez combien de leçons il y a sur chaque sujet et non pas prendre de l'avance de vous-même dans l'enseignement.

Les deux heures par semaine

30 minutes--- Lisez la leçon et Faite une introduction d'elle. Le dimanche après-midi, une plein semaine avant que vous enseignez la leçon, passez du temps pour faire connaissance avec elle. Priez pour que Dieu vous donne la sagesse et un aperçu de la meilleure façon de présenter le matériel à votre classe.

10 minutes---- Enregistrez vos pensées et vos idées tout au long de la semaine. Conservez un petit cahier de note pour l'école dominicale ou un papier avec vous. Quand une idée vient à vous, écrivez-la sur cet papier de sorte que vous vous en souviendrez plus tard.

20 minutes ------ Lisez le passage de la Bible 3 ou 4 fois pendant la semaine. Laissez la Parole de Dieu vous changer comme vous pensez à ce sujet et de le lire. Cette lecture permettra à la vérité que vous soyez désireux d'apprendre à votre classe un impact sur votre vie d'abord.

50 minutes ---- Apportez votre leçon ensemble. Obtenez tout ce que vous aurez besoin de votre paquet de ressources. Lisez vos notes et organisez la leçon dans un format qui vous convient et que vous serez en mesure de suivre et de mieux comprendre.

10 minutes---- Révision de la dernière minute. Ceci est la dernière chose que vous faites avant d'aller dans votre classe d'école dominicale. Assurez-vous que vous avez votre Bible, votre leçon, et tout autre matériel dont vous avez besoin. Examinez votre plan ou des notes dans votre guide du leader une dernière fois. Enfin, prenez une minute ou deux pour présenter cette leçon au Seigneur et lui demander de vous utiliser. Vous avez probablement déjà prié pendant plusieurs fois au cours de vos dévotions, mais reconnaître votre dépendance de Lui une fois de plus.

COMMENT PRÉSENTER UNE LEÇON D'ECOLE DOMINICALE

L'apprentissage doit avoir lieu à tous les niveaux: émotionnel, spirituel, social et mental. L'Education chrétienne entend fournir une interaction avec la vérité de l'Évangile dans une telle façon de changer la vie des étudiants. Il ne suffit pas de connaître et de comprendre une notion mentalement, la vérité doit affecter tous les aspects de la vie d'une personne, de la façon dont elle pense ou ressent sur un sujet de la manière dont elle réagit et traite les autres.

Votre temps d'enseignement doit être soigneusement planifié et organisé pour mettre en pratique votre préparation et de la pensée. Nous aimerions suggérer les grandes lignes ci- dessous pour votre temps d'école dominicale. Les temps donnés sont basés sur une heure de classe. Les nombres entre parenthèses sont de 45 minutes d'enseignement.

Vous devez arriver au moins dix minutes avant la classe pour préparer votre domaine d'enseignement et classez tous les matériaux de leçon que vous pourriez avoir besoin.

1. Utilisez les **10 premières minutes** pour saluer vos élèves à leur arrivée. Prévoyez un temps de plaisir informel et discussion sur les événements de la semaine dernière. Avoir l'offre pour des diverses demandes de prière dans la classe. Commencez la leçon par la prière, en permettant aux membres de la classe à prier pour les différentes demandes. Prenez la fréquentation et recevez l'offre. Suivez sur toute cession de la leçon de la semaine dernière et l'examen la semaine dernière. Allez sur toutes des questions quiconque peuvent avoir du sermon de la semaine dernière aussi.

2. Faite l'examen de votre vie au cours des prochaines **15 (10) minutes**. Permettez du temps de la pensée et de la réflexion; ne vous attendez pas des réponses immédiates sur toutes les questions ou une activité. Sentez-vous libre de faire des ajustements afin que les activités soient plus pertinentes pour la vie de vos élèves.

3. **Les 15 (10) prochaines minutes** devraient être consacrées à la section EXPLORER LE MOT. Rappelez-vous de ne pas PRÊCHER ou LIRE pour eux. Présentez la leçon dans vos propres mots.

4. **Les 15 (10) prochaines minutes** devraient se concentrer sur l'exercice de votre foi. Insistez sur l'importance de permettre à la vérité de pénétrer la vie et le comportement de chacun dans leur vie quotidienne.

5. Au cours des **5 dernières minutes**, mettez fin par la prière et nettoyer la zone de classe avant d'aller au temple.

Révisez le succès de la leçon dès que vous pouvez le faire. Passez quelques minutes faisant une note de ce qui a fonctionné et ce qui n'a pas pour référence future. Rappelez-vous l'enseignement est l'école dominicale pour construire des relations solides avec Dieu, les autres chrétiens et d'autres personnes.

Conseils utiles pour l'enseignement des adultes

Le facteur suivant

Les amis sont la principale raison pour laquelle la plupart des gens choisissent une église. De 75 à 90 pour cent les personnes qui deviennent membres de l'église ont déjà des amis au sein de la congrégation. Malgré l'importance d'un bon enseignement dans la croissance d'un groupe dans la Bible, des bonnes relations sont encore plus importantes! L'accompagnement n'est pas quelque chose que nous faire juste pour avoir un bon temps. La communion chrétienne est un acte de ministère, car il aide les gens à avoir un sentiment d'appartenance.

Pour être un leader efficace d'un groupe adulte dans l'accompagnement biblique, vous devriez en faire une haute priorité pour développer et utiliser les compétences en leadership des autres dans votre classe:

- Impliquez-les: Vous ne pouvez pas tout faire! La participation des membres de votre groupe peut approfondir leur engagement et de développer leurs compétences en leadership;
- Félicitez-les: Montrez votre appréciation pour vos officiers et dirigeants, et leur donner commentaire positif;
- Enrôlez-les: Ne vous contentez pas de leur donner un titre, permettez-les à faire leur bouleau;
- Reconnaissez-les: Ne laissez pas le travail effectué inaperçu. Dites merci un peu plus souvent.

Fondations de formation spirituelle
Les trois étapes de la transformation spirituelle:
- *Croire*: La foi en Christ ne peut pas être séparée de la Parole. La proclamation de la Bonne Nouvelle exige une réponse (voir Romains 10:17).
- *Appartenance*: Nous avons besoin les uns des autres! Nous avons besoin de l'exemple et de soutien qui viennent de la communauté. Il est important de savoir que nous appartenons.
- *Devenir*: Dieu n'est pas abandonné aucun d'entre nous. Nous sommes tous dans le processus. Lorsque nous le servons et vivre notre foi, nous sommes dans un endroit où il peut travailler en nous.

L'objectif de chaque session d'accompagnement biblique est une réponse obéissante à la vérité de la Parole de Dieu. Notre but ne peut être satisfait par un simple partage de l'information. Il ne suffit pas pour la vérité à discuter ou à l'examen ou même reconnu. Nous avons le privilège de faire face à des réalités tellement importantes qu'elles exigent une réponse. Ce qui commence comme un exercice de la raison doit se terminer par un exercice de la foi. Notre objectif c'est que la Parole de la vérité puisse être internalisée comme croyance et extériorisée comme action.

Le but de votre groupe d'accompagnement biblique c'est la transformation de la vie. En tant que leader, vous voulez avoir la joie de voir votre investissement dans d'autres produisant des changements remarquables dans leur vivant . . . quelques fois. Mais vous aurez aussi l'expérience de la douleur de servir quelques-uns qui semblent inchangé. Comment devez-vous répondre à ceux qui semblent insensibles? Continuez à être un enseignant fidèle et un véritable ami. Continuez à chercher des occasions de se rapprocher d'eux.

Continuez à faire confiance à Dieu pour faire sa bonne œuvre dans la vie de ceux que vous servez!

Verset d'apprentissage
Mettant la Parole de Dieu à la mémoire est l'une des meilleures défenses que nous avons contre la tentation. Le Psalmiste a compris il y a, des siècles quand il a dit: «Je serre ta parole dans mon cœur, Afin de ne pas pécher contre toi. »(Psaume 119: 11). Il est vrai pour le peuple de Dieu dans tous les âges. Encouragez vos participants d'accompagnement biblique à mémoriser le mot à vivre par le passage sur une base régulière.

En devançant nous-mêmes
Service aux autres n'est pas un supplément pour être étiqueté sur ce que nous faisons chaque fois. C'est une expression de qui nous sommes. Paul nous dit de servir les uns les autres dans l'amour (Galates 5:13). Votre groupe est une arène parfaite pour la participation au service chrétien. En fait, les groupes seront en plein essor pour offrir toujours une sorte d'opportunité pour une participation significative dans le ministère. Ceux domaines d'activité sont souvent une source de vitalité au sein du groupe.

Leçon 1: ADORER UN SEUL DIEU

Passages: Genèse 1. 26-27; Deutéronome 5.1-21; 6. 1-9
Autres références: Matt 28.19; Actes 5.3-4; 2 Corinthiens 13.14

Verset à mémoriser: Deutéronome 6.4-5
« Ecoute, Israël! L'Eternel, notre Dieu, est le seul Eternel. Tu aimeras l'Eternel, ton Dieu, de tout ton cœur, de toute ton âme et de toute ta force. »

Explication du verset à mémoriser
L'appel de Dieu aux Israélites au temps de Moïse est toujours la même pour nous aujourd'hui. C'est un appel à l'aimer lui seul et de tout notre cœur. Cela signifie Lui donner totalement et volontairement toute notre vie. Tout notre être doit être soumis à Dieu seul. Nous sommes appelés à l'adorer de tout notre cœur, toute notre âme et toute notre force ce qui inclus nos émotions, notre temps, nos finances et tout ce que nous faisons. C'est un amour indivisible pour lui.

Objectifs: A la fin de cette leçon, on devra être capable de :
   a. Expliquer la croyance en la Trinité divine.
   b. Expliquer ce que signifie aimer Dieu totalement.
   c. Identifier nos tâches en tant que croyants en un seul Dieu.

Introduction
Notre texte nous donne une image des derniers jours de Moïse dans le désert lorsqu'il rappelle au peuple de Dieu, l'alliance qu'ils ont eue au mont Sinaï. Le Seigneur a averti les Israélites de ce qui les attendait à Canaan. Ils n'étaient supposés être comme les Cananéens qui adoraient plusieurs dieux dont certains étaient fabriqués par des hommes. Ils ne devaient adorer que Dieu seul, celui qui les avait délivrés d'Egypte (Deutéronome 5.6-7).

1. **Adorer Dieu seul (vs. 4)**

    Le Seigneur notre Dieu est unique mais il se révèle en trois personnes comme Dieu le Père, Dieu le Fils et Dieu le Saint-Esprit (Matthieu 28.19, Actes 5.3-4, 2 Corinthiens 13.14). Cela ne signifie pas que nous avons trois dieux qui agissent comme un seul mais nous avons trois personnes qui sont UN Dieu. En Genèse1.26,27, nous lisons ; « FAISONS l'homme à NOTRE image et à NOTRE ressemblance. » Ici, Dieu se parle ce qui implique qu'il y a plusieurs personnes qui sont Un seul Dieu tel que le démontre l'utilisation d'un pronom personnel au verset 27. Nous sommes faits à l'image de Dieu et non des anges. Les trois personnes de la divinité étaient toutes impliquées dans la création (Genèse 1.26). Nous devons donc adorer Dieu seul et non sa création.

2. **Aimer Dieu de tout son cœur. (vs. 4-5)**
    a. **Dieu nous appelle.**

    Dieu appelle les Israélites. Cet appel est toujours le même pour nous qui l'aimons de tout notre être, notre temps et nos biens. L'amour pour Dieu être simplement exprimé par le fait de l'adorer lui seul. L'adoration implique des temps de prière en public et en privé, la louange, les offrandes, le service et une vie qui lui plaît. Cela implique également rechercher en premier lieu ses conseils dans les choix, une obéissance et une confiance totale en lui seul pour nous aider à travers tout problème ou toute crise. Tout ce que nous faisons ou que nous ne faisons pas et la manière dont nous ne le faisons compte dans l'amour pour Dieu.

3. **Notre tâche en tant que croyants**
   a. **Aimer Dieu seul (vs. 5)**
   Nous sommes appelé à l'aimeur lui seul et nous n'avons pas le droit d'adorer un autre dieu en même temps que lui. Nous devons démontrer une loyauté et un engagement sans faille. Cet appel à la fidélité envers Dieu est semblable à celle d'un mari envers sa femme ou vice-versa. Est-ce possible ? Parlons en.

   b. **Obéir à ses commandements (vs. 6)**
   En tant qu'enfants de Dieu nous devons obéir aux commandements établis dans les Dix commandements. Cela implique entendre et faire ce qu'il dit. Si nous l'aimons, nous devons lui obéir volontairement et avec joie. Si nous ne faisons pas ce qu'il dit, cela signifie que nous ne l'aimons pas.

   c. **Enseigner nos enfants**
   Chaque génération d'Israélites devait adorer le Seigneur lui seul. Pour que cela se fasse les parents avaient reçu de Dieu la responsabilité d'enseigner leurs enfants sur Dieu et ses lois. L'enseignement incluait le fait de montrer un bon exemple dans l'adoration du seul vrai Dieu. En tant qu'adultes, nous avons également besoin d'enseigner nos enfants à adorer Dieu seul. Pour ce faire, nous devons être des exemples pour eux. Nous devons pratiquer ce que nous enseignons. La responsabilité ne se limite pas à nous. Ils devront à leur tour enseigner à leurs enfants ce que nous leur avons appris.

Questions de discussion
1. De quelle façon pratique pouvons nous intégrer notre croyance en la trinité divine dans notre vie quotidienne ?

2. De quelle façon pratique pouvons nous surmonter la tentation de faire confiance en nos ancêtres et de nous tourner vers eux en public ou en privé en tant de crise ?

3. De quelle façon pratique pouvons-nous enseigner à nos enfants à adorer Dieu seul ?

Conclusion
Nous devons adorer Dieu et personne d'autre. Diviser notre engagement et notre amour entre Dieu et d'autres dieux affecte notre relation avec lui. Nous devons volontairement entreprendre la tâche de l'aimer, d'obéir à ses commandements et d'enseigner à nos enfants à l'adorer lui seul.

Leçon 2: ADORER UN DIEU SAINT

PASSAGE: Esaïe 6.1-8
Autres références: Matthieu 5.48

Verset à mémoriser: 1 Peter 1. 15-16
« Mais, puisque celui qui vous a appelés est saint, vous aussi soyez saints dans toute votre conduite, selon qu'il est écrit: Vous serez saints, car je suis saint.

Explication du verset à mémoriser :
Tout parent désire se voir en leurs enfants. Nous appelés dans ces versets à ressembler à notre Père qui est saint. Tout enfant est fier de ressembler à un bon père ou une bonne mère. La sainteté devrait être notre mode de vie. Nous devons vivre une vie de sainteté dans tous les domaines. Ceci inclut nos actions, nos pensées et nos paroles. Nous devons être saints quand nous sommes seuls, au travail, dans les affaires ou à la maison.

Objectifs: A la fin de cette leçon on devra être capable de :
   a. Expliquer la sainteté de Dieu.
   b. Définir la sainteté.
   c. Identifier nos défis par rapport à la sainteté.

Introduction

Lors d'une des écoles du dimanche en Irlande, un pasteur a demandé : « Qu'est-ce que la sainteté? » Un pauvre irlandais converti, vêtu d'habits sales et déchirés sauta et dit : « Je vous prie votre révérence, la sainteté c'est être propre de l'intérieur. » Oui, c'est être propre de l'être qui produit un style de vie pur

1. La sainteté de Dieu (vs. 1, 3)

Esaïe a connu une expérience merveilleuse en voyant Dieu et les êtres angéliques (les séraphins) qui déclaraient la sainteté de Dieu. La sainteté de Dieu nous parle de la nature et du caractère de Dieu. C'est Dieu qui est. Il est un Dieu saint. La sainteté de Dieu dans la glorieuse plénitude de son excellence morale est le principe de son action et de sa norme pour ses créatures. Sa sainteté fait que la personne ordinaire a une sainte crainte (v.5) étant donné que nous ne pouvons tenir devant sa gloire. Elle nous fait voir notre propre état de péché et nous crions à l'aide ! Et Dieu dans Son amour nous invite à être saint comme il est saint parce que c'est la seule façon d'avoir une relation de sainteté avec lui. En effet, il n'existe aucune sorte de péché ou d'impureté en Dieu.

2. Qu'est-ce que la sainteté fait pour nous alors ?
   a. Le sens commun de la sainteté est d'être mis à part pour l'usage de Dieu. Le temple, les prêtres, les lévites, les chrétiens, etc sont des exemples.

   b. Une compréhension plus approfondie est d'être purifié de tout péché inné afin que les intentions du cœur soient pures devant Dieu. Cela implique être séparé du péché et de tout ce qui est impur. Esaïe était purifié de tous ses péchés (v.7).

c. Ayant été purifiés, les croyants sont alors remplis du Saint-Esprit à l'exception du péché ou de tout ce qui est contraire à la sainteté. Nous sommes totalement dévoués à Dieu à chaque instant de notre vie avec un désir croissant d'être comme lui. Cet acte de Dieu et notre dévotion totale à lui se manifestent dans un style de vie pur qui résiste à tout mal.

d. Dans cet état, il est plus facile de permettre à Dieu de nous utiliser pour son but et sa gloire.

Esaïe était purifié et a ensuite reçu une tâche à faire pour Dieu (versets 7-8).

3. **Notre défi dans un monde pécheur**
   a. **Ne pas se conformer au monde** (vs. 5) – Nous sommes maintes fois tenté de nous conformer aux normes des personnes autour de nous tout comme Esaïe dont la langue était corrompue. Dans son cas, il s'agissait d'une langue mauvaise mais dans notre situation cela pourrait inclure la corruption, la tricherie, l'adultère et bien d'autres péchés. La norme de notre foi devrait être basée sur Dieu qui est saint et non sur le monde et ses cultures.

   b. **Être comme notre Père** (1 Pierre 1.15-16, Matthieu 5.48) – En tant qu'enfants de Dieu nous sommes appelés à ressembler à notre Père parfait. Tout enfant devrait ressembler à ses parents. Mais il est triste de ne pas vivre parfois comme notre Père. Le Seigneur Jésus insiste sur l'appel à être saint ou parfait comme notre Père céleste même si nous vivons dans un monde pécheur. Il est possible d'être saint.

   c. **Aider le monde à se conformer à Dieu** (v8) – Dieu nous met à part pour lui afin d'accomplir son plan à travers nous. Sa volonté est que nous influencions le monde perdu par une vie de sainteté et l'annonce de l'évangile. Un peuple saint est obéissant à l'appel du Père à répandre l'évangile. Cependant, notre caractère et notre style de vie jouent un rôle essentiel dans l'accomplissement du plan de Dieu. Esaïe était plus que prêt à partir.

Questions de discussion

1. Quelles conclusions tirez-vous sur la sainteté partir de la leçon d'aujourd'hui, le verset à mémoriser et la petite histoire dans l'introduction ?

2. Quels sont les autres défis et tentations auxquels vous faites face chaque jour lorsqu'on parle de la sainteté comme style de vie ?

3. Comment peuvent-ils être surmontés ?

4. Quelqu'un qui cherche honnêtement la sainteté, que doit-il faire pour être saint ?

Conclusion

La sainteté est le plus grand appel de Dieu pour l'homme ; Nous croyons avons besoin de vivre chaque jour dans la sainteté. Que la sainteté soit un style de vie parce que nous adorons un Dieu saint. Nous avons besoin d'être séparés pour Dieu et du péché afin que nous puissions atteindre le monde pour Christ. Cherchez donc avec ferveur à être saints pour le Dieu que vous adorez et qui est saint.

Leçon 3: JESUS-CHRIST, l'humble serviteur

Passage: Philippiens 2. 5-11
Autres passages: Jean 1.1-3; 10.30; 14.11; 4.6; 4.31-33; 11.35; Hébreux 5.8; 1 Peter 2.22

Verset à mémoriser: 1 Pierre 5. 6
« *Humiliez-vous donc sous la puissante main de Dieu, afin qu'il vous élève au temps convenable.* »

Explication du verset à mémoriser:
C'est humain de rechercher une position d'honneur, de gloire et de célébrité. Mais la foi chrétienne enseigne le contraire : c'est d'être humble. Nous manquons plusieurs fois de réaliser que lorsque nous nous élevons nous prenons ce qui n'est réservé qu'à Dieu et nous laissons ce qui nous revient, qui est de s'humilier. Lorsque nous parlons d'humilité, il n'y a pas de meilleur modèle que Jésus-Christ.

Objectifs: A la fin de cette leçon on sera capable de:
  a. Expliquer la divinité de Christ.
  b. Identifier l'humanité de Christ.
  c. Adopter les enseignements que nous pouvons tirer de l'humilité de Christ.

Introduction
Une fois, quelqu'un a dit : « L'humilité est une vertu que tout le monde prêche, que personne ne pratique et que nous sommes contents d'entendre. Le maître pense que c'est une bonne doctrine pour le serviteur, le laïc pour le clergé et le clergé pour le laïc. » En réalité, qui doit être humble ?

1. **Jésus Christ est Dieu (vs. 6)**
   Jésus Christ, la seconde personne de la Trinité divine est Dieu dans sa nature, sa puissance et son œuvre. Jésus est égal à Dieu. Il était là au commencement et il a créé toute choses (Jean 1.1-3). Il est « Dieu dans sa véritable nature » (v.6). Cela signifie que l'essence de son être est Dieu. C'est pourquoi il pouvait dire qu'il était un avec Dieu le Père (Jean 10.30, 14.11) Les juifs ont trouvé difficile d'accepter cette vérité et l'ont accusé de blasphème. Il n'est donc pas surprenant que même aujourd'hui certaines personnes trouvent difficiles de croire que Jésus était et est véritablement Dieu. Mais parce que Jésus Christ est Dieu, il est digne de notre adoration, notre obéissance et notre service.

2. **Jésus est devenu homme (vs. 7-8)**
   Durant les premières années de la foi chrétienne, de faux enseignements sur la divinité de Christ, l'Homme-Dieu circulaient. Ces enseignements affirmaient que Jésus était uniquement Dieu et qu'il n'était pas humain. Cependant, tout comme il est Dieu dans sa véritable nature, il a également pris notre véritable nature et est devenu humain. Il s'est vidé de sa gloire et est devenu homme. Pour montrer son humanité nous apprenons qu'il s'est fatigué (Jean 4.6), il a mangé (Jean 4.31-33), il a pleuré (Jean 11.35), il appris l'obéissance (Hébreux 5.8), etc. Cependant même si Jésus était devenu un homme, il est différent en ce qu'il n'a pas péché, pas une seule fois (1 Pierre 2.22).

3. **Jésus Christ notre modèle**
Jésus Christ est venu du ciel sur la terre pour nous montrer comme vivre avec Dieu et pour Dieu. Il est un modèle parfait dans ce qui suit :

   a. **L'attitude du serviteur (vs. 7)** – Christ a abandonné ses droits et il est devenu un serviteur. Un serviteur prend des instructions, obéit et travaille pour le maître. Il cherche toujours à plaire à son maître. Le monde autour de nous veut être maître et on serviteur. Mais Jésus nous enseigne le contraire car il est devenu lui-même serviteur. L'église peut être différente si tous les croyants prenaient le modèle de service de Christ quelque soit l'expérience, la position et la position sociale.

   b. **L'humilité (vs. 8)** – L'humilité c'est être capable de voir les autres comme étant plus important que nous même. C'est avoir une vision humble de soi même. Nous apprenons de Christ, que même s'il était Dieu, il s'est humilié lui-même au point de devenir serviteur obéissant et de mourir même d'une mort honteuse sur la croix. La mort sur la croix était la peine capitale aux temps de Jésus et c'était donc une honte. Avec une telle humilité, nos églises devraient être débarrassées de choses telles que le divorce, les divisions, la haine et les querelles de pouvoir entre autres maux

   c. **Dieu élève les humbles (vs. 9)** – Quelqu'un a dit : « Si tu avais monter, il faut descendre. » Nous prenons souvent la place de Dieu lorsque nous nous élevons d'une manière ou d'une autre. Notre tâche donnée par Dieu est de nous humilier et Dieu nous élèvera à sa manière et en son temps. Christ s'est humilié et Dieu l'a élevé et l'a fait Seigneur de tous (v.9-11).

Questions de discussion
1. Quelles bénédictions une église locale pourrait-elle recevoir si tous les croyaient adopter une attitude de serviteur comme nous l'avons appris de Jésus-Christ ?

2. Suivant l'exemple donné dans l'introduction, dans quelles autres relations attendons nous l'humilité de la part des autres plutôt que de la donner ? Donc qui doit être humble en réalité ?

3. L'humilité doit s'exprimer dans notre vie de tous les jours en tant que croyants. Suggérez des moyens pratiques de le démontrer.

Conclusion.
Dans la leçon d'aujourd'hui, nous avons découvert que Jésus-Christ est à la fois Dieu et homme. Il s'est humilié pour être un serviteur obéissant au point de mourir sur une croix. Nous sommes appelés à suivre son exemple d'obéissance et de serviteur humble lorsque nous le servons en servant les uns les autres. Allez-vous être humble?

Leçon 4: LA DIVINITE DU SAINT-ESPRIT

Passage: Matthieu 28.19; Jean 5.19-21; 6.63; 14.15-23; Actes 5.1-11; Romans 8:1-27; 2 Corinthiens 13:13

Objectifs: A la fin de cette leçon on sera capable de:
a. Comprendre la vérité que le Saint-Esprit est Dieu.
b. Réaliser que Jésus-Christ dans la vie du croyant par la présence de Dieu le Saint-Esprit.
c. Avoir comment à considérer le Saint-Esprit comme Dieu qui demeure en eux.

Verset à mémoriser: 1 Jean 3.24
« Celui qui garde ses commandements demeure en Dieu, et Dieu en lui; et nous connaissons qu'il demeure en nous par l'Esprit qu'il nous a donné. »

Explication du verset à mémoriser:
Dieu a donné aux croyants son Esprit pour vivre en eux. Etant donné que l'Esprit vit dans les croyants, Dieu vit également en eux car la présence du Saint-Esprit dans les croyants est celle de Dieu.

Introduction:
Nous avons vu que Jésus-Christ est le Fils de Dieu et il est Dieu. Nous avons vu que Jésus et son Père sont uns. Nous avons vu que Jésus et son Père sont uns. Aujourd'hui nous allons apprendre qui est le Saint-Esprit. Il joue un rôle très important parce c'est lui qui produit la nouvelle naissance de notre âme et qui vit en nous chaque jour. Mais qui est le Saint-Esprit ? Certains croient qu'il est un esprit ou un vent qui fait rouler les gens par terre lorsqu'il les possède. Certains le voient comme une puissance dont ils ont besoin pour faire des miracles et vaincre des démons. Qui pensez-vous qu'il est ? Prenons cet instant pour vous écouter avant d'entendre ce que la Bible dit sur la personne du Saint-Esprit !

1. Le Saint-Esprit est Dieu car son nom est utilisé en même temps que celui du Père et du Fils (Matthieu 28.19, 2 Corinthiens 13.13)
Nous croyons que le Saint-Esprit est Dieu car il est utilisé par Jésus et Paul comme égaux au Père et au Fils. Jésus Christ a enseigné à ses disciples à baptiser les nouveaux croyants dans le nom du Père et du Fils et du Saint-Esprit. En mettant ces noms ensemble pour le baptême des croyants cela implique leur égalité. Aucun d'eux n'est moins grand que les autres. Cela fait que le Saint Esprit est comme le Père et le Fils. Notons que Jésus ne dit pas « aux noms des… ; mais il dit « au nom du… » ce qui implique encore que les trois personnes sont unes et égales. C'est un enseignement indirect de Jésus sur son égalité avec le Père et le Saint Esprit.

Paul utilise les trois personnes en terminant sa lettre aux Corinthiens en ces termes : « Que la grâce du Seigneur Jésus-Christ, l'amour de Dieu, et la communion du Saint-Esprit, soient avec vous tous! » En faisant cela, il met l'accent sur le rôle joué par chacun d'eux dans la vie des croyants. Nous avons tous besoin de la grâce, de l'amour et de la communion venant de la Trinité afin que nous puissions partager les uns avec les autres et le monde entier. Le Saint Esprit est Dieu de plein droit.

2. Le Saint Esprit donne la vie aux personnes tout comme le Père et le Fils (Jean 5.19-21 ; Romains 8.11)

Les juifs savaient très bien que Dieu le Père donne la vie car il est DIEU. Jésus a dit que tout comme le Père donne la vie, lui aussi, il donne la vie à ceux et à celles qu'il choisit de la donner (Jean 5.21). En disant cela, Jésus leur disait qu'il était lui-même Dieu. Il s'est fait l'égal de Dieu.

Dans le même esprit, l'apôtre Paul dit que le Saint Esprit donne la vie aux croyants. Il dit : « celui qui a ressuscité Christ d'entre les morts rendra aussi la vie à vos corps mortels par son Esprit qui habite en vous. » Cela veut dire que nous avons reçu notre vie spirituelle par le Saint Esprit. Si nous n'avons pas le Saint Esprit dans nos vies, nous n'avons pas la nouvelle vie que Dieu donne à tous les croyants. Afin que le Saint Esprit soit égal à Dieu.

3. Le Saint Esprit est l'autre personne de Jésus qui est revenu à ses disciples (Jean 14.18-23)

Lorsque Jésus était sur le point de monter au ciel, il a dit à ses disciples qu'il ne les laisserait pas orphelins ; il reviendrait à eu, Jean 18. Vous et moi savons que c'est le Saint Esprit qui est venu vers les disciples. Nous devons comprendre que Jésus disait que le Saint Esprit et Jésus sont égaux et qu'il n'y a pas de différence entre eux. La présence du Saint Esprit est aussi celle de Jésus Christ. En fait, Jésus a dit qu'il venait avec son Père pour vivre dans le croyant (Jean 14.18-23). Cela veut dire que la présence du Saint Esprit dans notre vie est également celle du Père et du Fils. Ainsi, la Trinité vit dans chaque croyant par la Saint Esprit.

4. Le Saint-Esprit connaît les pensées de Dieu (1 Corinthiens 2.11)

Nous croyons que Dieu connaît toute chose. Le Saint-Esprit connaît les pensées de Dieu le Père, 1 Corinthiens 2.11. Qu'est-ce que cela signifie pour vous ? Celui qui connaît nos pensées doit connaître tout de vous ! Les pensées sont les parties les plus profondes de moi. Si cela est vrai, alors le Saint Esprit connaît tout de Dieu. Cela signifie qu'il connaît tout de la même manière que Dieu. Cela met l'accent sur le fait que le Saint Esprit est Dieu et doit être compris et traité comme Dieu car il est Dieu.

Questions de discussion:

a. Que pensiez-vous du Saint-Esprit avant ce cours ?

b. Que pensez-vous à présent du Saint-Esprit ?

c. Que signifie votre compréhension du Saint-Esprit pour vous ?

Conclusion:

Le Saint Esprit est Dieu. Il est celui qui donne la vie aux nouveaux croyants. Il donne la vie tout comme Dieu le Père et le Fils le font. Lorsque nous pensons à Jésus Christ comme étant dans notre vie et dirigeant notre vie, c'est en réalité le Saint Esprit qui fait toutes ces choses. Le Saint Esprit est pleinement Dieu et nous avons besoin de savoir cela et le traiter ainsi. Il est la personne qui veut nous guider, nous enseigner et nous utiliser pour la gloire de la Trinité divine.

Leçon 5: Le Saint-Esprit est une personne

Passages: Jean 3.1-8; 14. 16-17; Actes 5.1-6; Romains 8.1-27; 1 Corinthiens 12.7-11; Tite 3.4-5

Objectifs: A la fin de cette leçon on devra être capable de:
  a. Avoir compris que le Saint Esprit est une personne est non une puissance ou une chose.
  b. Savoir que le Saint Esprit est celui qui donne la naissance spirituelle aux croyants.
  c. Avoir réalisé que l'Esprit a son propre esprit et qu'il intercède pour les croyants.

Verset à mémoriser: 1 Corinthiens 12.11
«Un seul et même Esprit opère toutes ces choses, les distribuant à chacun en particulier comme il veut.»

Explication du verset à mémoriser:
Le Saint Esprit est une personne et on une chose ou une quelconque puissance. Il est celui qui donne les dons spirituels pour enseigner les croyants sur sa propre décision, que ce soir les langes, la prédication ou l'enseignement. Il a un esprit qui est le sien personnel.

Introduction:
Différentes personnes issues de différentes dénominations enseignent des choses différentes sur le Saint Esprit. A cause de certaines de ces différences, nous avons autant de dénominations. Chaque dénomination a la responsabilité d'enseigner à ses membres ce qu'ils croient et pourquoi ils le font. Ce qu'une personne croit déterminera comment elle considère ou traite le Saint Esprit. Il est important pour nous de savoir et de comprendre ce que le Saint Esprit est et ce qu'il fait. Dans cette leçon ; nous verrons les versets qui montrent que le Saint Esprit est une personne. Cela nous aidera à avoir une meilleure relation avec Dieu et cela influencer dans notre marche quotidienne.

1. Le Saint Esprit a un esprit qui lui est propre (Romains 8.26, 27 ; 1 Corinthiens 12.11)

En Romains 8.26-27, nous voyons que le Saint Esprit à une intelligence. Il est dit que celui qui sonde les cœurs connaît la pensée de l'Esprit. Cela nous dit que le Saint Esprit pense. Parce qu'il pense, il est capable de prendre des décisions. L'une des choses qu'il a décidé est d'intercéder pour les croyants. L'apôtre Paul continue en disant que nous ne savons pas quoi dire quand nous prions. Ainsi, le Saint Esprit parle de notre part à notre Père céleste.

Si c'est le Saint Esprit qui laisse réellement notre Père céleste savoir ce que nous disons vraiment dans nos prières, ne devons nous pas en conclure qu'il est une personne ? Pourquoi cette question ? Si le Saint Esprit est une sorte de puissance de Dieu, il n'allait pas prier pour nous. Il pourrait être utilisé par Dieu pour influencer ou faire des miracles. Mais ce n'est pas le cas. Il pense. Il intercède pour les croyants.

1 Corinthiens 12.11 dit que c'est le Saint Esprit qui distribue les dons spirituels selon sa volonté. Une fois de plus, l'accent est sur sa pensée qui prend ses propres décisions. Cela signifie qu'il n'est pas une puissance à utiliser mais une personne qui décide d'elle même. Il comprend et sait ce que nous faisons. C'est un défi pour vous et moi afin que nous changions notre manière de concevoir le Saint Esprit et commencer à le respecter comme une personne. Dans la leçon précédente nous avons vu que le Saint Esprit est Dieu. Aujourd'hui nous voyons que non seulement il est Dieu mais il est aussi une personne. Il a sa propre intelligence.

2. Il est appelé le consolateur (Jean 14. 16-17)

Dans l'évangile de Jean au chapitre 14 versets 16 à 17 nous lisons ceci : « Et je demanderai au père et il vous donnera un autre consolateur qui sera éternellement avec vous ; l'Esprit de vérité. » Qui peut dire qu'un conseiller (consolateur) est une puissance ou une chose qu'on peut contrôler ? Ici Jésus ne parle pas d'une quelconque puissance ou d'une chose. Il parle d'une personne qui a une très grande responsabilité en tant que conseiller.

Dans la plupart des cas, une personne qui va chez un conseiller a des problèmes dans sa vie ou sa famille ou c'est un responsable qui a besoin d'aide. On ne va pas pour recevoir une puissance ou une chose pour de l'aide. On va chez quelqu'un en qui on a confiance et que nous savons capable de nous aider. Jésus dit le que le Saint Esprit est cette personne capable de nous aider en période de besoin ou de difficulté. Cela devrai vous aider et je veux être si proche de lui chaque jour afin de trouver de l'aide à chaque instant. Il est le conseiller, le consolateur, l'aide ou la personne appelée à marcher aux côtés de chacun de nous.

3. Le Saint Esprit donne la nouvelle naissance aux croyants (Jean 3.5-6)

Avez-vous déjà entendu parler d'une puissance ou d'une chose qui a donné naissance à un être vivant tel une personne, un veau ou un mouton ? Vous ne l'avez jamais entendu. Moi non plus. Le Saint Esprit est la personne qui donne la naissance spirituelle à ceux qui croient en Jésus (Jean 3.5-6). C'est sa responsabilité. Il régénère les croyants et en fait des enfants de Dieu. Après cela, il leur donne le témoignage qu'ils sont à présent les enfants de Dieu (Romains 8.16, Tite 3.4-5).

4. On peut mentir au Saint Esprit (Actes 5.1-4)

Qui a déjà entendu quelqu'un mentir à une puissance ou à une chose ? Moi pas. Nous savons qu'une personne ment à une personne. Vous et moi pouvons mentir de quelque chose sur quelqu'un. Ainsi, on ment entre personnes.

En Actes 5.2-5, il nous est dit que Ananias a menti au Saint Esprit alors qu'il était devant les apôtres. Il ne pensait pas que le Saint Esprit était en eux, il pensait que c'était de simples hommes qui se tenaient devant lui. Pierre a déclaré qu'Ananias avait menti au Saint Esprit. Pour confirmer cela, il est mort sur le coup devant eux. Le Saint Esprit est une personne elle doit être traitée comme tel. Il mérite notre respect et notre obéissance.

Questions de discussion:

a. Comment pouvez vous démontrer que le Saint Esprit est une personne ?

b. Les croyants peuvent-ils choisir les dons spirituels qu'ils veulent ?

c. Comment pouvez vous démontrer que le Saint Esprit n'est ni une chose ni une puissance? Expliquez.

Conclusion:

Le Saint Esprit est la troisième personne de la Trinité. Il est un être spirituel, donc il est une personne. Il prend ses propres décisions. Il distribue les dons spirituels à chaque croyant selon sa volonté. Il est une personne. Respecte le et obéis lui.

Leçon 6: L'ŒUVRE DU SAINT ESPRIT

Passages: Jean 14.26 ; 16.5-16 ; Actes 15.8-9 ; Romains 8.1-27

Objectifs: A la fin de cette leçon, on devra être capable de :
  a. Savoir quelque chose des œuvres du Saint Esprit.
  b. Considérer le fait que le Saint Esprit est le seul qui peut dire à une personne si elle est sauvée ou pas.
  c. Réaliser que la vie des croyants est contrôlée par le Saint Esprit.
  d. Savoir que le baptême du Saint Esprit purifie le cœur des croyants.

Verset à mémoriser: Jean 14.26
« Mais le consolateur, l'Esprit Saint, que le Père enverra en mon nom, vous enseignera toutes choses, et vous rappellera tout ce que je vous ai dit. »

Explication du verset à mémoriser:
Ce verset nous informe sur quelques unes des œuvres du Saint Esprit dans la vie du croyant. Il enseigne, il rappelle et il conseille ou console le croyant pendant qu'il marche à ses côtés en tant que représentant de la Trinité.

Introduction:
Il y a ceux et celles qui croient que l'œuvre du Saint Esprit dans un croyant lui permet de parler en langues que Satan et ses démons ne peuvent pas comprendre. Ils pensent ainsi que ce qu'ils disent à Dieu est caché à Satan et ses démons. Cet enseignement ne se trouve pas dans la Bible. Il y a beaucoup d'autres enseignements non bibliques. La question est : quelle est vraiment l'œuvre du Saint Esprit ? Discutons en.

1. Le Saint Esprit convainc les gens de péché, de justice et de jugement (Jean 16.8)
Jésus a enseigné à ses disciples que le Saint viendrait et qu'il convaincrait les personnes de péché, de justice et de jugement (Jean 16.8). Cela montre clairement que les gens seront convaincus de leur péché et de leur besoin de salut, c'est l'œuvre du Saint Esprit. Le prédicateur fait que donner le message venant de Dieu. Le Saint Esprit prend le message reçu par chaque personne et l'utilise pour les convaincre ; La décision est entre la

2. Le Saint Esprit rend témoignage de notre salut (Romains 8. 16)
Lorsqu'une personne donne sa vie au Seigneur Jésus, il la sauve. Qui dit à cette personne qu'elle est sauvée ? C'est l'œuvre du Saint Esprit. Romains 8.16 dit que le Saint Esprit lui-même rend témoignage à notre esprit que nous sommes enfants de Dieu. C'est réconfortant. La seconde personne qui peut savoir ; est celle qui a fait l'expérience de la nouvelle naissance. Pourquoi ? Parce que le Saint Esprit témoigne à l'esprit que cette personne est maintenant un enfant de Dieu. Quelqu'un d'autre n'aura pas besoin de vous dire que vous êtes maintenant sauvé mais c'est vous qui parlerez aux autres des changements que vous vivez. Ils ne peuvent que confirmer et vous dire qu'ils voient le changement dans votre style de vie.

3. Le Saint Esprit contrôle la vie des croyants (Romains 8. 9)

Une des choses les plus merveilleuses sur le Saint Esprit c'est qu'au lieu d'être utilisé par les croyants, c'est le contraire qui se passe. Romains 8.9 dit : « Pour vous, vous ne vivez pas selon la chair, mais selon l'Esprit, si du moins l'Esprit de Dieu habite en vous. Si quelqu'un n'a pas l'Esprit de Christ, il ne lui appartient pas. » Nous voyons deux vérités enseignées ici.

   a. Tout enfant de Dieu né de Dieu a le Saint Esprit dans son cœur. Pourquoi ? Parce celui ou celle qui n'a pas l'Esprit de Christ n'appartient pas à Christ. Le Saint Esprit sert alors d'identificateur des enfants de Dieu. Nous sommes marqués par sa présence dans nos vies.

   b. Tout enfant de Dieu est contrôlé par le Saint Esprit. Pourquoi ? Parce que l'enfant a besoin d'être enseigné dans sa nouvelle vie. L'enfant né de nouveau (tout comme le bébé) a besoin d'être nourri, enseigné, guidé et contrôlé par le Saint Esprit. Rappelez vous que nous avons été délivré de tout péché et que vous êtes maintenant liés à Dieu par son Saint Esprit qui vous contrôle pour votre bien. Vous êtes né de nouveau pour être comme Christ ! Vous avez donc besoin d'être contrôlé par le Saint Esprit !

4. Le Saint Esprit purifie le cœur des croyants (Actes 15.8-9)

Que se passe-t-il lorsqu'une personne est baptisée par le Saint Esprit ? Le jour de la Pentecôte lorsque les disciples ont été baptisés du Saint Esprit, des langues de feu étaient sur leur tête. Ils ont commencé à parler en langues comprises par les pèlerins. Quel fut le résultat du baptême ? L'apôtre Pierre a témoigné devant le concile de Jérusalem et des cœurs ont été purifiés ce jour là (Actes 15.8-9). La même expérience s'est passée lorsqu'il a prêché à Césarée. Ainsi, le baptême du Saint Esprit produit un caractère saint à cause d'un cœur purifié. C'est l'œuvre du Saint Esprit de purifier le cœur des croyants. Votre cœur est-il purifié ?

Questions de discussion:

a. Comment saurez vous que vous êtes enfant de Dieu. Discutez.

b. Que s'est-il réellement passé avec les disciples, le jour de la Pentecôte ? Discutez.

c. Qui convainc les personnes de péché ou de besoin du salut ? Discutez.

Conclusion:

Le Saint Esprit a plusieurs autres choses qu'il fait pour les croyants et dans leur vie. Il veut accomplir le plan de Dieu dans vos vies. Il ne forcera pas si nous choisissons de ne pas coopérer avec lui, mais nous pourrions le perdre et sera conduirait à la perte de toute relation avec lui.

Leçon 7: LES SAINTES ECRITURES

Passages: 2 Timothée 3.14-17; 1 Pierre 1.10-12; 2 Pierre 1.20-21.

Verset à mémoriser: 2 Timothée 3.16-17.
« Toute Ecriture est inspirée de Dieu, et utile pour enseigner, pour convaincre, pour corriger, pour instruire dans la justice, afin que l'homme de Dieu soit accompli et propre à toute bonne œuvre. »

Explication du verset à mémoriser:
La Bible est la parole inspirée de Dieu qu'il utilise pour former ceux et celle qui croient en lui. Il l'utilise pour corriger, convaincre, enseigner et préparer les croyants à faire selon sa volonté ce qui est bon et utile à l'être humain.

Objectifs: A la fin de cette leçon on devra être capable de :
  a. Savoir que les Ecritures de l'époque du Nouveau Testament étaient de l'Ancien Testament
  b. Réaliser que la Bible a été écrite par des hommes de Dieu dirigés par le Saint Esprit
  c. Être reconnaissant que les Ecritures révèlent sans erreur tout ce qui est nécessaire à notre salut.
  d. Saisir la vérité qu'un bon caractère est produit par la méditation de la Bible.

Introduction:
Si vous deviez voyager dans un pays où vous n'aviez jamais été auparavant et qu'il n'y avait personne pour vous indiquer le chemin à prendre, comment trouveriez vous votre chemin ? Discutons en classe. Vous aurez besoin d'une carte des routes du pays car sans guide ou cartes de ce pays, vous ne pourrez pas arriver à destination. Où quelqu'un peut-il trouver les instructions de Dieu pour aller au ciel ? Oui, la Bible.

Qu'est-ce que la Bible?
La Bible est la carte qui mène chaque lecteur là où Dieu veut que nous allions, que nous fassions et que nous soyons. Lisez et étudiez la Bible si vous voulez savoir comment mener une vie bonne et profitable selon la norme de Dieu. La Bible est la parole de Dieu à l'humanité. Elle nous parle se son plan pour l'humanité, de sa volonté pour nos vis et la façon de bien vivre avec lui. Elle nous parle aussi de vivre en harmonie les eux avec les autres sur terre. C'est un livre merveilleux et nécessaire. La Bible est aussi appelé « les Ecritures »- ce nom et utilisé plusieurs fois dans le Nouveau Testament.

1. Comment Dieu nous a donné la Bible (2 Timothée 3.16)
Dans la lettre à Timothée, il nous est dit que la Bible est inspirée de Dieu. Cela signifie que Dieu a inspiré par le Saint Esprit des personnes qui l'aimaient pour écrire la Bible avec le but d'instruire ceux et celles qui veulent avoir une relation avec lui. Le Saint Esprit les a guidé à l'écrire afin que chacun puisse savoir ce que Dieu attend de lui.

Le terme utilisé dans la Bible pour inspirer est « soufflé ». L'accent est mis sur ceux qui ont écrit la Bible, des personnes qui connaissaient et obéissaient à Dieu. Ils étaient guidés par le Saint Esprit à écrire ce que Dieu voulait qu'on sache et comment appliquer ces choses dans nos vies.

2. Dieu nous a-t-il donné la Bible mot à mot ?(1 Pierre 1.10-12; 2 Pierre 1.20-21)

Non. Dieu ne nous a pas donné la Bible mot à mot ! Il a utilisé des personnes comme vous et moi. Ils ont écrit la Bible pendant que Dieu leur parlait. Ils comprenaient ce que Dieu leur disait. Ils ont pris ce que Dieu leur disait et ils l'ont rédigé de telle manière que d'autres puissent comprendre ce que Dieu leur disait. Ils ont écrit la Bible pour différents groupes de personnes, et ils s'exprimaient selon leurs différentes personnalités et cultures, et cependant, ils disaient la vérité que Dieu voulait. Cette sorte d'inspiration est appelée « inspiration plénière » des Ecritures. Cela signifie que dans la rédaction de la Bible, il y a une part de Dieu et une part de la personne qui écrit.

3. Il y a t-il des erreurs dans la manière de rédaction de la Bible qui peuvent nous tromper ? 2 Timothée 3.14-15)

Non. Il n'a pas d'erreurs qui pourraient nous tromper dans le plan de Dieu selon lequel la Bible a été rédigée. Nous croyons que l'objectif de la Bible est de faire connaître la volonté de Dieu aux hommes et de les mener dans une relation avec lui par la foi en Jésus Christ notre Sauveur. C'est pourquoi l'apôtre Paul dit à Timothée : « dès ton enfance, tu connais les saintes lettres, qui peuvent te rendre sage à salut par la foi en Jésus-Christ. ». Il continue de nous dire les objectifs de la Bible aux versets 16 à 17.

Une chose parfaite est ce qui accompli la raison pour laquelle elle a été faite. La Bible accompli les raisons pour lesquelles elle a été écrite, c'est à dire d'amener les gens à une relation vivante avec Dieu par la foi en Jésus Christ notre Seigneur et Sauveur.

4. Quels sont les autres objectifs de rédaction des Ecritures ? (2 Timothée 3.16-17)

Aux versets 16 à 17 nous lisons que : « Toute Ecriture est inspirée de Dieu, et utile pour enseigner, pour convaincre, pour corriger, pour instruire dans la justice, afin que l'homme de Dieu soit accompli et propre à toute bonne œuvre. » La Bible enseigne comment être sauvé du péché par la foi en Jésus Christ. Elle corrige et convainc lorsque nous faisons ce qui est mal. Elle forme les croyants à devenir ce que Dieu attend de notre caractère en accord avec sa volonté. Le résultat est une personne équipée pour toute bonne œuvre selon son don spirituel. Il y a d'autres objectifs de la Bible.

Questions de discussion:
a. Comment Dieu nous a t-il donné la Bible?

b. Que signifie « inspiration plénière » ?

c. Citez quelques objectifs de la Bible appris aujourd'hui.

Conclusion:
La Bible est la parole de Dieu. Elle nous est donnée pour nous amener à vivre une relation vivante avec Dieu notre Père par la foi en Jésus Christ notre Seigneur et Sauveur. Dieu attends de nous de lire la Bible afin de comprendre sa volonté. Dieu nous a tant aimé qu'il a mis dans la Bible tout ce qu'il veut que nous soyons. Etudiez la. Mémorisez la. Vivez chaque jour selon ses directives

Leçon 8: LE PECHE COMME VIOLATION DE LA LOI CONNUE DE DIEU

Passages: Genèse 3.1-11; Matthieu 22.34-40; 1 Jean 3.4

Verset à mémoriser: I Jean 3.4
« Quiconque pratique le péché transgresse la loi, et le péché est la transgression de la loi. »

Explication du verset à mémoriser:
Toute personne qui conduit sur les voies publiques a dû apprendre le code et passer le permis de conduire. Cette personne doit suivre les codes, les panneaux et signaux de la route. Si elle ne suit pas ces règles, elle sera arrêtée et recevra une amende si elle coupable. La question est : pourquoi arrêter quelqu'un qui conduit son propre véhicule comme il veut? C'est parce qu'il y a d'autres personnes qui ont des voitures et qui utilisent aussi la route. C'est d'éviter les accidents et de protéger les vie humaines. On ne devrait pas mettre la vie des usagers de la route en danger. C'est pourquoi il y ces règles. Quiconque brise le code de la route commet un délit.

Dieu a donné de loi aux personnes afin qu'elles puissent vivre en harmonie avec lui et avec les autres êtres humains. Si une personne échoue à vivre selon ces lois, elle a brisé les lois de Dieu. Briser les lois de Dieu est péché devant Dieu.

Objectifs: A la fin de la leçon, on devra être capable de:
   a. Saisir que l'amour pour Dieu et pour notre prochain est le commandement ultime qui renferme toutes les lois divines.
   b. Être capable de définir le péché dans une perspective wesleyenne.
   c. Être capable de faire la différence entre le péché et les erreurs.

Introduction:
Tuer une personne est considéré comme un crime ; La personne qui a tué une autre personne est appelée meurtrier ou criminel. Discutons des questions suivantes :
   a. Pourquoi tuer une autre personne est un crime ?
   b. Pourquoi la personne qui a tué une autre personne est appelée meurtrier ou criminel?

Un crime est commis lorsque la loi d'un pays est enfreinte. Un criminel est une personne qui enfreint les lois de son pays et a été déclarée coupable par la justice. Qui déclare coupable une personne qui enfreint les lois de Dieu ? Comment l'appellera-t-on ? Voyons ce que la leçon d'aujourd'hui nous dit sur cela.

A. Les commandements de Dieu

La terre est remplie de personnes créées par Dieu. Dieu a fait des règles pour gérer les relations humaines afin de vivre en harmonie. Ces règles sont aussi appelées commandements. Pour les rendre plus facile à se rappeler et se souvenir des commandement ou lois de Dieu, le Seigneur Jésus les a résumé ainsi : « Tu aimeras le Seigneur, ton Dieu, de tout ton cœur, de toute ton âme, et de toute ta pensée. C'est le premier et le plus grand commande-ment. Et voici le second, qui lui est semblable: Tu aimeras ton prochain comme toi-même. De ces deux commandements dépendent toute la loi et les prophètes. » Si quelqu'un aime Dieu totalement, il n'enfreindra pas les lois de Dieu. Il ne fera pas non plus de mal à personne.

B. Qu'est-ce que le péché ?

Quiconque brise ces commandements commet ce que Dieu appelle « péché ». Le péché est la violation des lois de Dieu. Dans une perspective wesleyenne, le péché est défini comme « une violation volontaire de la loi connu de Dieu par une personne moralement responsable (capable de distinguer le bien du mal). » Cette définition exclut les enfants qui n'ont pas encore atteint l'âge de responsabilité et les personnes déficientes mentalement. En 1 Jean 3.4, nous lisons : « « Quiconque pratique le péché transgresse la loi, et le péché est la transgression de la loi. » Lorsqu'Adam et Eve ont brisé la loi de Dieu dans le jardin d'Eden (Genèse 3.1-11), ils ont commis le péché. Lorsque nous brisons les lois de Dieu, nous commettons le péché. Nous choisissons de faire une chose contre la volonté de Dieu. Nous nous rebellons contre Dieu.

C. La différence entre les péchés et les erreurs

Il y a une différence entre le péché et l'erreur. Le péché est commis par choix, en toute conscience et délibérément. Une erreur par contre est définie comme « se tromper dans une opinion, un jugement ou une perception due à une connaissance inadéquate, une négligence ou un manque d'attention. » Des mauvais décisions et actions involontaires pourraient en résulter. Cependant, toute erreur qu'on commet doit être corrigée lorsqu'elle est découverte ou apporté à notre attention sinon elle devient un péché. Rappelez-vous que le péché est le fait d'enfreindre délibérément les lois connues de Dieu.

Questions de discussion:
 a. Quels commandements de Dieu sont résumés en Matthieu 22.37-40?

 b. Qu'est-ce que le péché ? Donnez le temps à chacun de parler de la définition ci-dessus.

 c. Quelle est la différence entre un péché et une erreur ?

 d. Parfois, les personnes âgées ou celles qui sont à des postes d'autorité peuvent délibéré-ment dire quelque chose de mal puis s'excuser en disant que c'était une erreur. Dans certaines cultures cela est considéré comme du respect pour les anciens. Discutez en.

Conclusion:
Etant donné que le péché et la violation d'une loi connue de Dieu par une personne moralement responsable, toute personne qui aime Dieu en vérité ne planifiera pas de commettre un péché. Lorsque nous pouvons faire la distinction entre péché et erreur nous pourrons vivre pleinement notre rédemption.

Encouragez les membres de la classe à revoir leur vie durant la semaine passée. Qu'ils identifient des actes pécheurs dont ils ont besoin de se repentir et de s'engager à aimer Dieu et les autres de manière pratique dans la semaine à venir. Terminer dans la prière.

Leçon 9: LE PECHE COMME INCREDULITE ENVERS JESUS

Passages: Jean 3.16-21; 6.25-40; Esaïe 64.65-67; Ephésiens 2.8-10

Verset à mémoriser: Jean 3.18
« *Celui qui croit en lui n'est point jugé; mais celui qui ne croit pas est déjà jugé, parce qu'il n'a pas cru au nom du Fils unique de Dieu.* »

Explication du verset à mémoriser:
Ce que Dieu attend de toute personne sur terre est de croire (avoir confiance, se confier, dépendre, s'accrocher) à Jésus afin d'avoir une relation avec Dieu. Si quelqu'un ne croit pas en Jésus, le Fils de Dieu, alors cette personne commet un péché. Ainsi, refuser de croire au Fils de Dieu, est un péché.

Objectifs: A la fin de cette leçon on devra être capable de:
a. Avoir compris que ne pas croire en Jésus est un péché
b. Avoir saisi la vérité que la seule œuvre qu'on a besoin de faire pour être sauvé c'est de croire en Jésus.
c. Avoir été convaincu que la foi en Jésus Christ est le seul moyen d'être sauvé.
d. Avoir été convaincu que les bonnes œuvres ne sauve personne du péché.

Introduction:
Il existe des personnes qui sont naturellement bonnes. Elles ne font rien de mauvais. Elles donnent aux pauvres. Elles sont partout où il y a des besoins ! Elles donnent leurs biens aux orphelinats. Elles donnent leur temps, leurs talents et leurs argent là où on en a besoin. Elles sont bonnes en œuvres. La Bible n'enseigne-t-elle pas de telles choses ? Sûr que ces personnes sont justes. Elles devraient être acceptées au ciel. Qu'en dites vous ? Discutez.

Les bonnes œuvres ne rendent pas les personnes justes devant Dieu:
Nous avons vu que le péché est une transgression volontaire d'une loi connue de Dieu par une personne moralement responsable. Et si une personne ne brise pas les lois de Dieu, sera t-elle considérée comme pécheur ? Ces questions sont valides. On doit y répondre correctement. Il y a naturellement des personnes bonnes et qui font de bonnes choses. La plupart de ces personnes n'ont pas besoin d'apprendre à faire de bonnes choses pour les autres. Nous devons penser à ceux qui consacrent leur vie à s'occuper des personnes souffrant d'une maladie incurable, souffrant du SIDA, ou prenant soin des personnes âgées dans leurs maisons. Elles le font volontairement. Ces personnes sont vraiment impliquées dans l'œuvre de Dieu en prenant soin de ses créatures. Dieu ne devrait-il pas accepter leur œuvre comme juste ? Dieu n'attend il pas que nous fassions ces choses ? Bien sûr ! Mais que dit la Bible ?

En Esaie 64.5, nous lisons que « *nous sommes tous comme des impurs, Et toute notre justice est comme un vêtement souillé; Nous sommes tous flétris comme une feuille, Et nos crimes nous emportent comme le vent.* »

Nous réalisons à partir de ce verset que toutes les bonnes œuvres que nous faisons ne nous rendent pas bon devant Dieu ! Il est vrai que Dieu attend de ceux et celles qui sont sauvés de faire de bonnes œuvres ou des choses qui aident ceux qui sont dans le besoin. Mais il ne nous pas que nos bonnes œuvres nous rendront bons ou acceptables comme des personnes justes. Mettre leur foi en Jésus Christ les sauve. Lisons Éphésiens 2.8-10.

La foi en Jésus Christ sauve les personnes de leurs péchés :
Qu'est-ce que Dieu attend des personnes pour les accepter ? En Jean 6.29, nous lisons que *« Jésus leur répondit: L'œuvre de Dieu, c'est que vous croyiez en celui qu'il a envoyé. »* Nous comprenons à partir de ce verset que toute personne doit croire en Jésus Christ qui est celui que Dieu a envoyé. Nous savons que personne n'est payé pour un travail qu'il n'a pas fait. Il s'en suit dont que Dieu n'accepte personne qui n'a pas cru en Jésus Christ comme étant celui que Dieu a envoyé. Ainsi, les bonnes œuvres que Dieu attend de chaque personne afin d'être sauvé et accepté par lui est de croire en Jésus Christ qu'il a envoyé.

Refuser de croire en Jésus Christ est un péché:
Mais on pourrait se demander, et si je ne crois pas en Jésus. Est-ce important ? Bien sûr ! Voici les paroles de Jésus lui-même : *« Celui qui croit en lui n'est point jugé; mais celui qui ne croit pas est déjà jugé, parce qu'il n'a pas cru au nom du Fils unique de Dieu » (Jean 3.18).* Qu'est-ce que cela signifie ? Cela veut dire que croire en Jésus Christ nous rend semblable à celui ou celle qui brise les lois connues de Dieu. Cela fait de nous un pécheur ! Ainsi, refuser de croire en Jésus est un péché. Cela inclus aussi ceux qui sont bons de nature mais qui ne mettent pas leur confiance en Jésus Christ le seul Fils de Dieu qui a été envoyé pour le salut du monde entier. Il est clair dans cette leçon que le seul moyen d'être sauvé de nos péchés c'est de croire en Jésus Christ le seul Fils de Dieu qui a été envoyé spécifiquement pour notre salut du péché. Il est aussi clair que refuser de croire en Jésus Christ, est péché.

Questions de discussion:
a. Qu'est-ce qu'un péché d'après la leçon ?

b. Comment le fait de refuser à croire en Jésus est semblable à briser la loi connue de Dieu?

c. Comment les personnes qui sont naturellement bonnes peuvent-elles être sauvées ? Expliquez.

d. Existe-t-il un autre moyen d'être sauvé de nos péchés ? Discutez.

Conclusion:
Dans notre leçon d'aujourd'hui, nous avons vu que refuser de croire en Jésus Christ est un péché tout comme briser une loi connue de Dieu. Nous avons également vu que nous devons croire en Jésus pour être sauvé. Et finalement nous avons vu qu'il n'y a pas d'autre moyen d'être sauvé de nos péchés. A présent cette question : Croyez vous en Jésus Christ ? Vos péchés ont-ils été pardonnés quand vous avez cru en lui ? Si vous n'en êtes pas sûrs, il serait bien de vous assurer.

Leçon 10: LE PECHE COMME ECHEC A AIMER LES AUTRES CROYANTS

Passages: I Jean 4.7-21; Jean 13.34-35

Verset à mémoriser: I Jean 4.20
« Si quelqu'un dit: J'aime Dieu, et qu'il haïsse son frère, c'est un menteur; car celui qui n'aime pas son frère qu'il voit, comment peut-il aimer Dieu qu'il ne voit pas? »

Explication du verset à mémoriser:
Dieu attend des croyants qu'ils s'aiment comme il les aime. Refuser d'aimer est une désobéissance au commandement de Dieu à aimer les autres. C'est un péché. D'un autre côté, on ne peut affirmer aimer Dieu tout en refusant d'aimer son prochain croyant que nous voyons. Car nous ne montrons que nous aimons Dieu qu'en aimant les autres croyants.

Objectifs: A la fin de cette leçon on sera capable de:
   a. Comprendre que le péché c'est refuser d'aimer son prochain.
   b. Être encouragé d'aimer chaque croyant en Jésus Christ.
   c. Avoir compris qu'on doit aimer son prochain croyant comme preuve d'amour de Dieu.

Introduction:
Si deux personnes ont une même personne comme amie, à la longue, les deux deviennent amis à cause de leur amitié avec leur ami commun. Si deux personnes aiment Dieu au point de vouloir accomplir sa volonté en vérité, alors elles finiront par s'aimer à cause de leur amour pour Dieu. Notre leçon d'aujourd'hui montre les défis que nous avons d'être authentiques dans notre relation avec Dieu et les uns avec les autres, Si nous aimons Dieu en vérité, nous devons nous aimer les uns les autres quelque soient les circonstances.

Le refus d'aimer les autres croyants est un péché :
La première épître de Jean est écrite aux croyants qui ne comprenaient pas que ce qu'on fait est lié à notre relation avec Dieu. L'apôtre Jean prend le temps de montrer le besoin pour les croyants de s'aimer mutuellement constamment parce que c'est le commandement de Jésus Christ notre Sauveur à ceux qui croient en lui. La question que nous devons nous poser est, pourquoi il est important d'aimer les autres croyants ? Parfois il est très difficile d'aimer un autre croyant. Certaines personnes sont difficiles à vivre. Pour répondre à la question ci-dessus, regardons les raisons suivantes :

a. Nous devons nous aimer les uns les autres parce que c'est le commandement de Dieu ; « Et nous avons de lui ce commandement: Que celui qui aime Dieu aime aussi son frère » v.21. On doit obéir à un commandement qui est donné. Réfléchissons comme un soldat. Tout soldat vit chaque jour sous le commandement auquel il doit obéir. Tout échec à obéir à un commandement ou une instruction about it à une punition. Dans certains cas, la désobéissance résulterait en la mort du soldat. Pourquoi ? Parce que la désobéissance d'un soldat pourrait entraîner celle d'autres soldats et la destruction d'une armée. Les résultats seraient un pays sans armée pour le défendre.

Dans la vie d'un croyant, le commandement à aimer les autres croyants n'est pas une option. Y désobéir c'est pécher. C'est la transgression volontaire d'une loi connue de Dieu. Cela signifie qu'un croyant qui n'aime pas les autres croyants est un ennemi du Dieu même qu'il dit aimer. Le verset 7 dit : « Quiconque aime est né de Dieu et connaît Dieu, car Dieu est amour. » Connaître Dieu c'est la même chose que naître de nouveau ou être sauvé. Haïr un autre croyant annule notre salut.

b. Nous devons nous aimer car c'est la preuve que nous aimons Dieu. Regardez le verset 20 : « Si quelqu'un dit: J'aime Dieu, et qu'il haïsse son frère, c'est un menteur; car celui qui n'aime pas son frère qu'il voit, comment peut-il aimer Dieu qu'il ne voit pas? » Toute personne qui affirme aimer Dieu de tout son cœur tout en n'arrivant pas à aimer certains croyants, cela signifie que cette personne n'aime pas Dieu. Cela annule également notre salut. En Jean 13.34-35 Jésus dit que s'aimer les uns les autres est un signe que nous sommes ses disciples ou que nous lui appartenons et nous sommes avec les autres croyants qui aiment Jésus. Dieu nous aime. Il attend de nous que nous l'aimions comme signe que nous l'aimons.

c. Nous avons besoin de nous aimer les uns les autres car l'amour vient de Dieu ou l'amour appartient à Dieu, 1 Jean 4.7 dit : « Bien aimés, aimons nous les uns les autres car l'amour est de Dieu. » Si je reçois quelque chose qu'on attend que je passe aux autres et que je ne le fais pas, je serai puni. Ainsi, désobéir à Dieu est péché. Pourquoi ? Parce que j'ai brisé le commandement de Dieu d'aimer les autres croyants.

Notons que l'accent est sur l'amour pour les autres croyants et non pour les pécheurs ! Pourquoi ? Parce qu'aimer les croyants montre que nous appartenons à Jésus. D'après Jésus, les gens sauront que nous sommes ses disciples si nous nous aimons les uns les autres. En d'autres termes, c'est le seul témoignage qu'ils croiront parce ce que cela imite l'amour de Dieu pour le monde. Ils verront cet amour en leur présence. Nous avons reçu le commandement d'aimer les croyants car c'est le sermon silencieux sur l'amour de Dieu pour le monde.
Cela est également importa

Questions de discussion:
a. D'après la leçon d'aujourd'hui, pourquoi ne pas aimer les autres croyants est un péché?

b. Est-ce qu'aimer les autres croyants est associé à notre salut ?

Conclusion:
Nous avons vue qu'aimer les autres croyants est le commandement de Dieu aux disciples de Jésus Christ. Nous avons aussi vu que ne pas le faire, est un péché. Si nous aimons les autres croyants comme Jésus, le monde saura que nous sommes ses disciples. Ainsi, aimer les autres croyants doit être notre mode de vie. Planifier d'aimer ceux qui sont difficiles à aimer commence à partir d'aujourd'hui.

Leçon 11: LE PECHE TENDANCE INNEE A PECHER

Passages: Romains 5.12-14; Actes 15.8-9; Psaume 7.11; 2 Timothée 4.6-8.

Verset à mémoriser: Romains 5.12
« C'est pourquoi, comme par un seul homme le péché est entré dans le monde, et par le péché la mort, et qu'ainsi la mort s'est étendue sur tous les hommes, parce que tous ont péché. »

Explication du verset à mémoriser:
Lorsqu'Adam a péché dans le jardin d'Eden cela a causé sa mort physique et spirituelle. Son péché a aussi affecté toute la génération après lui. Chaque personne est encline au mal. A cause du péché, nous sommes tous nés avec les tendances à pécher. Nous sommes tous morts spirituellement, c'est à dire séparés de Dieu. Pas une seule personne sur terre n'est exempte des effets du péché d'Adam. Nous l'appelons « péché originel » ou « dépravation héritée ». Cette dépravation n'est pas réglée lors de la nouvelle naissance. Elle reste dans la nouvelle vie d'un chrétien né de nouveau. Cependant, personne n'en est responsable jusqu'au moment où elle rejette ou néglige le remède pourvu par Dieu.

Objectifs: A la fin de cette leçon on devra être capable de :
a. Réaliser que tous les êtres humains sont enclins au péché.
b. Comprendre que le péché d'Adam a affecté toute personne bien qu'elle n'ait pas péché comme lui.
c. Comprendre que le péché originel continuer d'exister avec le nouvelle vie jusqu'à ce que les cœurs soient purifiés par le baptême du Saint Esprit.
d. Avoir compris qu'on est pas responsable jusqu'au moment où elle rejette ou néglige le remède pourvu par Dieu.

Introduction:
Un héritage est ce que vos parents vous laissent comme biens. Vous ne choisissez pas ce que vous allez hériter, il vous est donnée dans un « testament » que vos parents ont décidé de rédiger avant de quitter ce monde. Vous connaîtrez votre héritage lorsque la personne désignée par vos parents lira leur « testament » pour ceux et celles qu'ils auront laissé derrière eux.

Le péché originel est ce que nos premiers parents ont laissé à tous ceux et celles qui sont nés après eux. Le péché originel est ainsi appelé parce qu'il a commencé avec Adam et Eve qui ont brisé la première loi que Dieu leur avait donnée dans le jardin d'Eden. Depuis ce temps, le péché est entré dans le monde et a infecté toute personne née dans ce monde. Les parents enseignent généralement à leurs enfants ce qui est bon. Les enfants ont tendance à faire ce qui n'est pas bien. Cela montre cette tendance au mal avec laquelle chacun vient au monde. Cela s'appelle, dépravation, péché originel, péché hérité ou tendance au mal.

La différence entre le péché personnel et le péché originel:
Dans les trois dernières leçons, nous avons vu que le péché était une violation volontaire d'une loi connue de Dieu par ceux et celles qui ont le pouvoir de choisir de ne pas pécher. Cependant, le péché originel n'est pas un choix. On naît avec ce péché. Nous pouvons dire que c'est un cadeau de nos premiers parents, en l'occurrence Adam et Eve. Le fait que chaque personne choisisse de faire le mal même si elle ne l'a jamais appris est une preuve suffisante que les êtres humains sont enclins au mal.

Romains 5.12 dit que le péché d'Adam a infecté toute personne même celles qui n'ont pas péché comme eux. Il continue en affirmant que les personnes meurent à cause de ce péché. Cela pourrait signifier que si les gens sur terre ne descendaient pas d'Adam, ils n'auraient pas eu tendance au péché. Le fait que nous soyons la descendance d'Adam est démontré dans la description de la race humaine en Romains 3.9-18. Cela montre que la race humaine est pécheresse. Nos tendances sont vers le mal. Même lorsque nous faisons ce qui est bon, c'est généralement pour nous vanter ou centré sur nous-mêmes.

La nouvelle naissance n'enlève pas le péché originel :
Vous pouvez poser cette question : que devient le péché originel lors de la nouvelle naissance ? C'est une bonne question. On répondra par une autre question : les disciples de Jésus étaient-ils nés de nouveau ? Oui, ils étaient nés de nouveau. Pourtant Pierre a dit que leurs cœurs avaient été purifiés le jour de la Pentecôte. Cela signifiée qu'après être né de nouveau, le péché originel demeure dans la vie d'un croyant jusqu'à ce que le Saint Esprit convainque cette personne de la présence de ce péché et la défi de saisir l'offre d'en être purifié.

Nous devons comprendre qu'on est pas responsable de ce péché parce que nous n'avons rien fait pour l'avoir. Cependant on est responsable de saisir l'offre d'en être purifié lorsqu'on est convaincu d'un tel besoin. Si on refuse d'en être purifié, on devient alors responsable puisqu'on choisit de vivre avec lorsqu'on a la possibilité d'en être libéré. Dés ce moment le choix nous revient de vivre avec ce péché originel. Mais vous pouvez en être libéré si vous choisissez d'être libre. Le choix vous appartient.

Questions de discussion :
 a. Qu'est ce que le péché originel?

 b. Existe-t-il une personne qui est exempte du péché originel ?

 c. Les personnes nées de nouveau sont elles libérées du péché originel ? Expliquez.

 d. Quand une personne est-elle responsable du péché originel ? Expliquez.

Conclusion:
Tous les humains sont infectés par le péché originel depuis que nous l'avons reçu par héritage de nos premiers parents. Cependant, nous n'en sommes pas responsables puisque nous n'avons fait aucun mal pour le mériter. Le péché originel est purifié par le baptême du Saint Esprit au moment où le Saint Esprit le révèle à cette personne et qu'elle a la volonté d'être purifiée. Cependant, on est responsable si on rejette la disposition de Dieu pour en être purifié.

Leçon 12: EXISTE –T-IL UNE DIFFERENCE ENTRE LE PECHE PERSONNEL ET LE PECHE INNE ?

Passages: Romains 5.12-14; 1 Jean 3.4; 4.7-21; Genèse 2.15-17; 3.1-19

Verset à mémoriser: Romains 5.12
«C'est pourquoi, comme par un seul homme le péché est entré dans le monde, et par le péché la mort, et qu'ainsi la mort s'est étendue sur tous les hommes, parce que tous ont péché. »

Explication du verset à mémoriser:
Adam avait reçu la loi et l'avait brisée. Elle n'avait pas été donnée à toute la race humaine, mais à lui. Vous et moi avons des lois données par Dieu. Si nous les brisons, nous en serons responsables. Cependant, en brisant la loi, Adam nous laissé affectés spirituellement parce que nous avons hérité de sa nature pécheresse car nous descendons de lui. Ainsi, nous ne sommes pas responsable du péché dont nous avons hérité jusqu'à ce que nous refusions Dieu qui offre de nous en purifier.

Objectifs: A la fin de cette leçon on devra être capable de :
a. Définir le péché originel et les péchés personnels.
b. Dire la différence entre le péché originel et les péchés personnels.
c. Acquérir la connaissance que chaque personne devra choisir d'être libéré du péché originel pour être pardonnés de ses péchés personnels.

Introduction:
Dans les quatre leçons précédentes nous avons étudié le péché, en le regardant comme étant la transgression volontaire d'une loi connue de Dieu par une personne moralement responsable et aussi comme la depravation originelle ou héritée de nos premiers parents. Dans la leçon d'aujourd'hui, nous voulons voir les différences et similitudes entre elles. En le faisant, nous pourrons comprendre chaque sorte de péché et le remède pour chacun.

Le péché a deux aspects:
Nous croyons que le péché a deux aspects : c'est le péché personnel et le péché comme dépravation héritée de nos premiers parents.

Le péché personnel:
Par péché personnel, nous voulons dire qu'une personne moralement responsable a volontairement brisé la loi connue de Dieu. Cette personne a volontairement choisi d'aller à l'encontre de la loi de Dieu. Ce n'est pas une erreur ou à cause d'infirmités ou autres situations qui la dépassent. Le péché est commis lorsqu'une personne choisit de briser volontairement la loi connue de Dieu. Regardons à la loi brisée par Adam et Eve sa femme :
« Tu pourras manger de tous les arbres du jardin ; mais tu ne mangeras pas de l'arbre de la connaissance du bien ou du mal, car le jour où tu en mangeras, tu mourras certainement » (Genèse 2.15). Examinons ce verset : Ils connaissaient la loi. Ils l'avaient comprise. Ils ont fait le choix de douter de Dieu et de croire Satan, un étranger. Quels furent les résultats ? Ce fut la mort spirituelle (séparation entre Dieu et l'homme) immédiate. C'est ça le péché personnel. Ils ont volontairement choisi de désobéir à Dieu. Nous aussi, nous sommes tenus pour responsables des péchés que nous avons commis.

Le péché originel:
Par péché originel ou dépravation héritée, nous voulons dire qu'on a pas choisi de briser la loi de Dieu ou choisi de péché. On a ce péché hérité de nos premiers parents Adam et Eve. Tout le monde naît avec ce péché. On a ce péché car on l'a hérité de nos premiers parents, on ne peut pas l'éviter. La Bible dit : « C'est pourquoi, comme par un seul homme le péché est entré dans le monde, et par le péché la mort, et qu'ainsi la mort s'est étendue sur tous les hommes, parce que tous ont péché – car jusqu'à la loi le péché était dans le monde. Or, le péché n'est pas imputé quand il n'y a point de loi. Cependant la mort a régné depuis Adam jusqu'à Moïse, même sur ceux qui n'avaient pas péché par une transgression semblable à celle d'Adam ; lequel est la figure de celui qui devait venir.» **(Romains 5.12-15).**

Premièrement, toute personne est considérée comme pécheur à cause du péché d'Adam. Cela signifie que nous avons reçu à travers Adam le mal dans notre vie. Nous n'avons pas choisi d'avoir cet héritage. Nous sommes nés avec cette tendance à pécher.

Deuxièmement, à cause du fait que nous avons hérité du péché originel, Dieu n'a pas choisi de nous considérer comme coupable de cela. Pourquoi ? Parce que « on ne fera pas mourir les pères pour les enfants, et l'on ne fera point mourir les enfants pour les pères ; on fera mourir chacun pour son péché » (Deutéronome 24.16). Et aussi, parce que Dieu est le juste juge, il n'enverra pas son peuple en enfer à cause du péché de quelqu'un d'autre (2 Timothée 4.8).

Quand une personne est-elle responsable du péché originel ?
On pourrait se poser cette question. Nous avons dit que Dieu est une juste juge. Ainsi, il nous tiendra coupable du péché originel qu'après nous avoir convaincu du besoin d'en être purifié et que nous refusions l'offre. C'est de là que découle notre responsabilité et nous ne pouvons plus blâmer Adam. Ce n'est que lorsque nous refusons d'en être délivré par la purification du Saint Esprit par le sang de Jésus Christ. Nous en devenons ainsi responsable par choix.

Questions de discussion:
  a. Définissez le péché personnel et le péché originel.

  b. Pourquoi Dieu ne nous jugera-t-il pas pour le péché originel ?

  c. Quand une personne est-elle responsable du péché originel ?

Conclusion:
Nous devons remercier Dieu car nous sommes responsables de nos propres péchés et non de celui des autres. Nous devons également le remercier parce que nous pouvons être pardonnés de nos péchés et purifiés du péché originel.

Leçon 13 : L'EXPIATION QUE DIEU A FAITE POUR LES ISRAELITES

Passages: Lévitique 16.1-34; Hébreux 10.1-18; Jean 1.29; 3.14-17

Verset à mémoriser: Jean 1.29
« *Le lendemain, Jean vit Jésus venant à lui, et il dit : Voici l'Agneau de Dieu, qui ôte le péché du monde.* »

Explication du verset à mémoriser:
Le verset à mémoriser nous parle de l'œuvre de Jésus Christ. Il est l' « offrande pour le péché » qui est mort pour nous, prenant notre punition. Il est également le « bouc émissaire » qui emporte nos péchés. C'est pourquoi il est l'Agneau de Dieu qui enlève le péché du monde.

Objectifs: A la fin de cette leçon on devra être capable de :
  a. Comprendre l'expiation que Dieu a faite pour Israël.
  b. Savoir que cette expiation n'a pas ôté le péché mais l'a couvert.
  c. Apprécier l'expiation que Dieu a faite pour le monde par Jésus Christ.

Introduction:
La Bible nous parle de deux alliances qui avaient pour but de gérer le problème du péché dans la vie de ceux et celles qui avaient besoin d'une relation avec Dieu. Nous appelons ces alliances : « Ancienne et Nouvelle Alliance. » L'Ancienne Alliance était une manière de régler le péché parmi le peuple d'Israël et toute personne qui le voulait. Il s'agissait de sacrifices offerts chaque jours lorsqu'une personne avait commis un péché involontaire. Une fois par année, le péché de tout Israël était réglé le jour de l'expiation. Ce jour là, le souverain sacrificateur faisait une expiation pour tout Israël avec deux boucs mâles afin que leurs péchés soient pardonnés. Il faisait également un sacrifice pour lui même et sa famille avec un taureau et un bélier. Nous apprendrons plus aujourd'hui sur cette alliance et nous ferons aussi une courte comparaison avec l'expiation de la Nouvelle Alliance.

Le jour et le lieu de l'Expiation:
Le jour de l'Expiation était au début du mois d'octobre dans notre calendrier. Tout Israël allait à Jérusalem où se trouvait le temple de l'Eternel. Tous les sacrifices et les offrandes étaient faits là dans le temple où les sacrificateurs de l'Eternel étaient prêts à offrir et sacrifier des offrandes. C'est le seul endroit où les péchés du peuple étaient pardonnés. C'était ainsi parce que l'Eternel était là où se trouvaient, le temple, l'autel et les sacrificateurs. Dieu a choisi Jérusalem pour être le lieu ou demeurerait sa présence et où les péchés du peuple d'Israël seraient gérés au temple.

Comment se faisait l'expiation ? On ne travaillait pas ce jour là. Tout Israël jeunait ce jour là. Tout d'abord, le souverain sacrificateur prenait un brasier plein de charbons ardents, deux poignées de parfum odoriférant et il les portait au-delà du voile dans le lieu très saint. Il mettait l'encens sur les charbons ardent devant l'Eternel afin de couvrir le siège de miséricorde pour protéger le souverain sacrificateur de la mort. Il offrait ensuite le premier sacrifice pour le péché (un jeune taureau) pour lui et sa maison. Il l'aspergera de sang devant le siège de miséricorde de l'arche d'alliance dans le lieu très saint. Il étalera aussi le sang de l'offrande pour les deux péchés sur les cornes de l'autel du sacrifice qui est dans le parvis devant le temple. Après avoir fait l'expiation pour lui et sa maison et tout Israël, il apportera un bouc mâle vivant et posera ses deux mains sur sa tête, il confessera sur lui tout les péchés et la rébellion d'Israël. Le bouc sera emporté dans un désert et laissé là-bas. Puis Aaron offrira le bélier comme sacrifice pour lui, sa maison et Israël.

Cependant, le sang de ces animaux ne purifiait pas les péchés du peuple, il les couvrait uniquement. C'est pour cette raison que le souverain sacrificateur devait faire une nouvelle expiation pour les péchés chaque année.

La Nouvelle Alliance faite par Jésus Christ (Hébreux 10.1-18) enlève littéralement les péchés de ceux et celles qui croient en Jésus. Elle purifie également leur conscience de toute culpabilité. En Hébreux 10.14, l'auteur fait une déclaration importante lorsqu'il affirme : « Car par une seule offrande, il a amené à la perfection pour toujours ceux qui sont sanctifiés. » C'est cela le salut ! C'est être libéré de tout péché tant qu'on mène une vie d'obéissance au Seigneur et Sauveur. L'apôtre Jean le dit en ces termes : « Mais si nous marchons dans la lumière, nous sommes mutuellement en communion, et le sang de Jésus son Fils nous purifie de tout péché » (1 Jean 1.7).

Il y a une grande différence entre l'ancienne alliance et la nouvelle alliance !

Dans l'ancienne alliance	**Dans la nouvelle alliance**
Lieu très saint : Seul le grand prêtre y	Lieu très saint : Tous les adorateurs y entrent
Le prêtre a la communion avec Dieu	Tous les adorateurs ont la communion avec Dieu
Des animaux sont sacrifiés par force	Jésus s'est volontairement donné comme sacrifice
Les péchés sont couverts et pas oubliés	Les péchés sont pardonnés et oubliés
Les corps sont purifiés	Les cœurs et les consciences sont purifiés
L'expiation est faite annuellement	L'expiation est faite une fois pour toute

Nous devons être reconnaissants envers Dieu à travers ce que notre Seigneur Jésus Christ a fait pour nous alors que nous étions encore pécheurs. A présent, nous sommes ses enfants par sa grâce qu'il nous a démontrée par Jésus Christ. Nous devons être plus obéissants en montrant notre gratitude et notre amour pour lui.

Questions de discussion:
a. Comment Jésus est-il à la fois un bouc émissaire et une offrande pour le péché ?

b. Si l'ancienne alliance était le seul moyen pour le salut, comment allions nous être sauvés puisque tous les sacrifices et les offrandes étaient faits à Jérusalem en Israël ?

c. Est-ce qu'aujourd'hui les juifs obtiennent le salut en suivant l'ancienne alliance ?

Conclusion:
Terminer l'enseignement par un temps de prière de reconnaissance à cause du salut obtenu à travers la nouvelle alliance.

Leçon 14: L'EXPIATION QUE DIEU A ACCOMPLIE POUR LE PECHEURS

Passages: Esaïe 53.3-12; 2 Cor. 5.18-21; Jean 3.16, 17

Verset à mémoriser: Esaïe 53.5
« *Mais il était blessé pour nos péchés, Brisé pour nos iniquités; Le châtiment qui nous donne la paix est tombé sur lui, Et c'est par ses meurtrissures que nous sommes guéris* »

Explication du verset à mémoriser:
Ce verset nous dit que Jésus est mort à notre place et que Dieu l'a puni à notre place afin que nous mettions toute notre confiance en lui pour être pardonnés de nos péchés et restaurés dans une relation vivante avec Dieu.

Objectifs: A la fin de cette leçon on devra être capable de :
   a. Définir l'expiation.
   b. Comprendre pourquoi l'expiation a été faite pour les pécheurs.
   c. Être convaincu que cette expiation est le seul moyen pour l'humanité d'avoir la communion avec Dieu.

Introduction:
Lorsqu'Adam et Eve ont péché dans le jardin d'Eden, leur péché a causé une inimitié entre Dieu et eux. A cause de leur péché, toute personne née après ce péché, vient au monde en étant ennemi de Dieu. Il n'y a pase de relation entre l'être humain et Dieu. En raison de cette inimitié, l'être est destiné à vivre en enfer avec Satan pour souffrir éternellement. A présent, la question est : Qui va arrêter cela ? Comment cette personne fera-t-il pour l'arrêter ?

Leçon: Qu'est ce que l'expiation?
C'est la restauration de la communion entre deux parties qui étaient ennemies. C'est la réparation de la communion entre les deux. Dans notre leçon nous parlons de restauration ou de réparation de la communion entre Dieu et l'être humain. C'est un plan pour arrêter l'inimitié entre Dieu et l'être humain afin qu'il y ait une véritable communion entre les deux parties. C'est une réconciliation de l'être humain avec Dieu. La Bible dit que : « *Car Dieu était en Christ, réconciliant le monde avec lui-même, en n'imputant point aux hommes leurs offenses, et il a mis en nous la parole de la réconciliation.* » 1 Corinthiens 5.19.

Qui va arrêter l'inimitié entre Dieu et l'humanité ?
L'être humain a commis un péché. L'être humain a causé cette inimitié entre lui et Dieu. C'est l'être humain qui a offensé. Il n'a rien en sa possession qui puisse arrêter cette inimitié. La question est : Alors, qui va arrêter cette inimitié ?

La Bible nous dit que c'est Dieu qui a fait le premier pas pour arrêter cette inimitié entre l'humanité et lui-même : « *Car, lorsque nous étions encore sans force, Christ, au temps marqué, est mort pour des impies. Mais Dieu prouve son amour envers nous, en ce que, lorsque nous étions encore des pécheurs, Christ est mort pour nous.* » Romains 5.6,8. Ce n'est pas nous qui allons vers Dieu ! C'est Dieu qui nous attire à lui ! Si Dieu n'arrêtait pas cette inimitié, l'être humain serait éternellement condamné en enfer avec Satan.

Pourquoi Dieu a-t-il choisi de faire l'expiation ? Pourquoi a-t-il choisie d'arrêter cette inimitié?

La Bible nous dite que Dieu a choisi d'arrêter cette inimitié à cause de son amour pour l'humanité : « *Car Dieu a tant aimé le monde qu'il a donné son Fils unique, afin que quiconque croit en lui ne périsse point, mais qu'il ait la vie éternelle. Dieu, en effet, n'a pas envoyé son Fils dans le monde pour qu'il juge le monde, mais pour que le monde soit sauvé par lui.* » (**Jean 3.16-17**). C'est ça la bonne nouvelle, l'évangile ! C'est l'amour de Dieu qui l'a poussé à arrêter l'inimitié entre lui et nous pécheurs.

Comment Dieu a-t-il fait cette expiation ?

Dieu a choisi de réconcilier le monde avec lui-même en faisant de Jésus Christ *péché*, ce qu'il hait. Nous lisons en 2 Corinthiens 5.21 : « *Celui qui n'a point connu le péché, il l'a fait devenir péché pour nous, afin que nous devenions en lui justice de Dieu.* » En Esaïe 53.3-12 nous voyons que Dieu punit Jésus au lieu de nous pécheurs afin que nous devenions un peuple juste. Jésus a littéralement été mis à notre place puis puni comme si Dieu nous punissait nous les pécheurs. Il l'a fait afin si nous pécheurs mettons notre confiance en Jésus nous deviendrons un peuple juste. C'est en vérité ça la bonne nouvelle.

Questions de discussion:

a. Que signifie l'expiation ? Expliquez.

b. Quelles sont les deux parties qui ont besoin d'être réconciliées ?

c. Comment Dieu a-t-il choisi de réconcilier le monde avec lui-même ?

d. Pourquoi Dieu a-t-il choisi de réconcilier le monde avec lui-même ?

e. Que devons nous faire pour être réconciliés avec Dieu ?

Conclusion:

L'expiation est le moyen que Dieu a utilisé pour réparer sa communion avec l'humanité à travers Jésus Christ notre Seigneur et Sauveur. Chaque personne devra mettre totalement sa confiance en Jésus comme étant son expiation. Sans la foi en Jésus, il n'y aura pas d'expiation. C'est la responsabilité de chaque personne d'accepter Jésus comme sa propre expiation avec Dieu en mettant sa confiance totalement en Jésus Christ.

Leçon 15: LA GRÂCE PREVENANTE

Passages: Tite 2.11, 12; Romains 5.6-8; Ephésiens 2.8-10; Jean 6.44; 15.5

Verset à mémoriser: Tite 2.11, 12
« *Car la grâce de Dieu, source de salut pour tous les hommes, a été manifestée. Elle nous enseigne à renoncer à l'impiété et aux convoitises mondaines, et à vivre dans le siècle présent selon la sagesse, la justice et la piété.* »

Explication du verset à mémoriser:
Dieu dans sa bonté a donné sa grâce à chaque personne afin que chacun puisse faire le bon choix qu'il soit pécheur ou sauvé. Il n'y a personne qui peut faire ce qui est mauvais et dire qu'il n'a pas pu s'arrêter, car chacun a reçu la grâce venant de Dieu. Nous pouvons tous faire ce qui est juste dans diverses situations à cause de la grâce de Dieu (faveur imméritée).

Objectifs: A la fin de la leçon on devra être capable de :
a. Comprendre la signification de la grâce prévenante.
b. Être reconnaissant pour la grâce prévenante de Dieu qui prépare leur salut.
c. Avoir compris la vérité que le salut dépend de la grâce prévenante de Dieu.
d. Savoir que chaque personne est responsable de répondre positivement à la grâce de Dieu.

Introduction:
Notre leçon est sur la grâce prévenante. Qui peut dire ce qu'est la grâce prévenante ? Permettez à la classe de répondre. Par grâce prévenante nous voulons parler de l'amour en Dieu qui va à toute personne pour la préparer au salut bien avant qu'elle entende l'évangile. C'est la grâce qui va avant toute tentative de notre part de vouloir changer notre vie devant Dieu.

La raison pour laquelle Dieu a donné sa grâce prévenante aux êtres humains :
On pourrait se demander pourquoi Dieu donne aux êtres humains sa grâce prévenante ? C'est une question très importante ! Pourquoi l'a-t-il fait ?

Comprenons que depuis qu'Adam et Eve ont chuté de leur sainteté originelle, ils ont perdu toute possibilité de choisir de revenir à Dieu d'eux-mêmes. La chute d'Adam et Eve a rendu toute personne sans force et incapable de sortir du péché pour aller à Dieu. C'est comme une personne qui est née et a grandi dans les ténèbres où il n'y a pas de lumière du tout. Toute ce que la personne connaît, ce sont les ténèbres. Cette personne ne peut pas choisir entre la lumière et les ténèbres parce qu'elle ne connaît que les ténèbres. Pour que cette personne voit la différence entre les ténèbres et la lumière, quelqu'un devra lui apporter la lumière dans ces ténèbres. Et cette personne qui apporte la lumière devra expliquer ce que c'est et pourquoi choisir la lumière au lieu des ténèbres. Ce n'est qu'à ce moment que cette personne saura et voudra choisir la lumière au lieu des ténèbres. C'est que Dieu fait avec les êtres humains à travers la grâce prévenante. Jésus a dit : « Nul ne peut venir à moi, si le Père qui m'a envoyé ne l'attire» (Jean 6.44).

« Sans moi vous ne pouvez rien faire » (Jean 15.5).

Comment fonctionne la grâce prévenante ?
Mais comment la grâce prévenante prépare-t-elle au salut ? Lorsque Jésus est mort sur la croix pour nous, c'était l'œuvre de la grâce prévenante qui nous a permis d'être pardonné de nos péchés et purifiés de toute iniquité. En Romains 5.6-8, Paul dit que Dieu l'a fait lorsque nous étions sans force, ou lorsque nous étions encore incapable de faire quoi que ce soit pour notre salut. Vous voyez, c'est la grâce de Dieu qui est allée avant que nous puissions trouver de l'aide et une voie pour le salut du péché.

La grâce prévenante nous enseigne et nous rend capable.
En Tite 2.11, 12, nous lisons que la grâce de Dieu nous enseigne à dire « Non » à l'impiété et aux convoitises mondaines. Cela nous dit que sans la grâce prévenante de Dieu, nous ne serons pas capables de choisir ce qui est bon et juste de ce qui est mauvais et injuste. C'est la grâce qui nous permet et non notre propre force ou volonté. Notre volonté est rendue capable par cette grâce de choisir de faire ce qui est juste. Elle nous enseigne également à vivre avec la maîtrise de soi, la droiture et une vie juste dans ce monde présent. C'est par la grâce de Dieu qu'on est capable de choisir de faire ce qui est juste soit en tant que pécheurs ou en étant déjà sauvés de nos péchés !

Nous sommes dirigés vers le salut par la grâce prévenante
Peut-on être sauvés sans la grâce ? Dans l'épître aux Ephésiens au chapitre 2 verset 8 nous lisons que c'est par grâce que vous êtes sauvés, par le moyen de la foi, et ce n'est pas par vous même, c'est un don de Dieu. Ce n'est pas notre œuvre. Nous ne pouvons gagner notre salut ! Nous ne pouvons pas l'acheter ! Nous ne pouvons pas vivre une vie assez bonne pour le mériter ! C'est uniquement la grâce de Dieu !

Comment devrions nous répondre à la grâce prévenante ? Ephésiens 2.8 dit que cette grâce est reçue par notre foi, notre confiance en Dieu. Ce sont nos bras pour recevoir la grâce de Dieu qui apporte le salut des péchés.

Questions de discussion:
a. Que voulons nous dire par grâce prévenante ?

b. Pourquoi Dieu a-t-il pourvu la grâce prévenante ?

c. Comment la grâce prévenante prépare-t-elle les gens au salut ?

d. Peut-on être sauvé sans cette grâce ?

Conclusion:
La grâce prévenante est cette grâce que Dieu a envoyée pour nous préparer à revenir à lui dans la repentance. La mort de Jésus Christ pour nous sur la croix fait partie de l'œuvre de cette grâce. A cause de cette grâce, nous sommes en mesure de faire les bons choix si nous le voulons ; Nous ne méritons pas cette grâce car c'est un DON de Dieu pour nous. Soyons reconnaissant et recevons le avec joie et commençons à mener une vie d'obéissance et de maîtrise de soi dans ce monde présent.

Leçon 16: NOUS CROYONS EN LA REPENTANCE

Passages: 2 Chroniques 7.14; Esaïe 55.6-7; Romains 8.12-17.

Verset à mémoriser: 2 Chroniques 7.14
« *Si mon peuple sur qui est invoqué mon nom s'humilie, prie, et cherche ma face, et s'il se détourne de ses mauvaises voies, je l'exaucerai des cieux, je lui pardonnerai son péché, et je guérirai son pays.* »

Explication du verset à mémoriser:
La véritable repentance doit inclure l'humilité, se détourner du péché, se tourner vers Dieu et le rechercher sincèrement, le péché recevra le pardon de Dieu.

Objectifs: A la fin de la leçon on devra être capable de:
 a. Comprendre la signification de la repentance.
 b. Identifier les éléments qui font partie de la repentance.
 c. Être encouragé à s'assurer de sa repentance.

Introduction:
La repentance est la première étape pour une personne qui avait tourné le dos à Dieu et qui veut sincèrement être réuni avec lui. Cette personne ne voit aucun autre moyen de se réconcilier avec Dieu à part la dépendance totale en sa miséricorde et sa grâce. A présent, cette personne soumet sa vie sans condition à Dieu afin d'être acceptée devant lui. Cette personne veut construire une nouvelle relation avec Dieu.

Qu'est-ce que la repentance?
Nous croyons en la repentance. Nous attendons la repentance de toute personne qui veut faire partie de notre église. Mais qu'est-ce que la repentance ?

Nous utilisons très souvent ce terme dans l'église lorsqu'une personne veut avoir une relation avec Dieu, nous lui disons de se repentir. Mais qu'est ce que la repentance. Laissons la classe répondre à cette question.

Par repentance nous voulons dire qu'une personne montre le dos à là d'où elle vient. C'est un changement d'état d'esprit. C'est un profond regret ou remord pour ce qu'on a fait. C'est se détourner du péché et revenir à Dieu. Il doit y avoir un changement total du style de vie de la personne qui se repent. Esaïe 55.7 dit qu'on doit renoncer à ses voies et ses pensées et se tourner vers Dieu qui fera preuve de miséricorde et pardonnera. La repentance est plus que de lever sa main et de réciter la prière du salut ou un pasteur priant pour vous. Il doit y avoir un tour complet vers Dieu dans la vie.

Qu'attend on dans la repentance ?
Pour que la repentance soit réelle, nous devons suivre ce que dit 2 Chroniques 7.14. Dieu attend ces choses de toute personne qui se repent ou qui veut avoir une relation avec Dieu. C'est :
 a. **L'humilité:** on doit être soi-même humble devant Dieu. Personne n'a le droit d'être pardonné de ses péchés. C'est par la grâce de Dieu et sa miséricorde qu'il a décidé de pardonner le pécheur qui s'humilie. La grâce est immérité et Dieu la donne au pécheur qui ne la mérite pas. La miséricorde c'est l'amour de Dieu qui l'amène à aider le misérable.

b. **Se détourner du péché ou de ses mauvaises voies :** La repentance est une décision personnelle.
On doit prendre la décision dans son cœur et son esprit de se détourner du péché. Ce n'est pas la responsabilité de Dieu de nous faire quitter le péché. C'est notre décision. Vous avez décidé de pécher. A présent vous devez décider d'arrêter de pécher.

c. **La prière :** Prier c'est communiquer avec Dieu. Cela inclus la confession, la requête, l'action de grâce, la louange et l'intercession. Dieu attend que vous priez pour vous mêmes pour être pardonnés. Un pécheur a besoin de confesser qu'il a péché et demander pardon à Dieu.

d. **Chercher Dieu :** Chercher, s'atteler à trouver Dieu. Cela démontre la détermination de trouver le pardon venant de Dieu. Rien ne peut empêcher une personne qui se repent de trouver le pardon de Dieu.

Lorsque ces conditions sont remplies, Dieu dit qu'il nous exaucera du ciel et il pardonnera le pécheur repentant. Notez que c'est Dieu qui pardonne le pécheur repentant et non le pasteur. Cela signifie que le pécheur pardonné saura par lui-même qu'il est pardonné par Dieu. Vous n'avez pas besoin qu'on vous dise que Dieu vous a pardonné. Vous le saurez et serez le premier à en témoigner. Romains 8.16 dit que le Saint Esprit lui-même rend témoignage à notre esprit que nous sommes enfants de Dieu.

Qui doit se repentir? Le pécheur doit se repentir s'il veut être pardonné de ses péchés. Esaïe 55.6-7 dit que le méchant doit se repentir. C'est la personne qui recherche le pardon qui doit être pardonnée. Toute personne qui recherche le pardon de Dieu doit se repentir de ses péchés. Ce n'est que là que Dieu pardonne au pécheur ses péchés.

Questions de discussion:
a. Que voulons nous dire par repentance ? Expliquez.

b. Quelles sont les conditions pour la repentance ? Citez les.

c. Qui doit se repentir ? Les croyants sont ils inclus ? Expliquez.

Conclusion:
Toute personne désirant la communion avec Dieu doit se repentir de ses mauvaises voies. Il doit y avoir un changement de vie dans toute personne qui s'est repentie. La personne qui s'est repentie est celle qui parlera aux autres des changements qu'il y a eu dans sa vie. Ce n'est pas l'œuvre du pasteur ou de la personne qui a prié pour vous. Quand Dieu vous a pardonné, il vous le fera savoir. Vous êtes celui ou celle qui expérimente la joie du pardon.

Leçon 17: UN EXEMPLE DE REPENTANCE QUI MENE A DIEU

Passages: Luc 15.11-24

Verset à mémoriser: Luc 15.18-19
« Je me lèverai, j'irai vers mon père, et je lui dirai: Mon père, j'ai péché contre le ciel et contre toi, je ne suis plus digne d'être appelé ton fils; traite-moi comme l'un de tes ouvriers. »

Explication du verset à mémoriser:
Le jeune homme dans cette histoire a pris la décision de repartir vers son père dans le but de lui donner sa vie sans condition pour être au moins reçu comme un des ouvriers afin de vivre comme eux. Il s'est repenti et totalement converti et mis sous le contrôle de son père.

Objectifs: A la fin de cette leçon on devra être capable de:
 a. Comprendre le sens de la repentance.
 b. Être encouragé à s'assurer de sa repentance.
 c. Avoir soif de repentance.

Introduction:
Dans l'église du Nazaréen, nous croyons que toute personne qui veut avoir une relation avec Dieu doit d'abord réaliser son état de pécheur. Elle doit réaliser qu'elle ne peut pas se sauver elle même. Elle doit réaliser qu'elle a besoin d'une aide en dehors d'elle même et cette aide se trouve uniquement en Dieu par le moyen de la mort et la résurrection de Jésus Christ notre Seigneur et Sauveur. Cela est clairement démontré dans la façon dont le fils prodigue a été accepté par son père qui représente le notre Père céleste, qui est Dieu.

Le jeune homme en Luc 15 représente une personne qui s'est détournée de Dieu, Cette personne a pris le contrôle de sa propre vie. Elle n'a rien à faire avec Dieu. Elle dépend de la richesse que Dieu lui a donnée. Elle est devenue son propre maître ou la richesse est devenue son maître. Lorsque toute la richesse s'est épuisée, elle a commencé à être dans le besoin. Elle a recherché l'aide auprès des gens qui n'ont rien voulu lui donner. Finalement, elle est retournée vers son père dans l'humilité et la repentance où elle a été merveilleusement acceptée.

Une personne qui se suffisait à elle-même: 15.11-13
Le fils prodigue dépendait totalement de la richesse que son père lui avait donnée comme héritage. Il n'avait pas travaillé pour avoir cet argent. Tout ce qu'il avait était le don gracieux de son père. Il cherchait à être libre de ses parents qui lui avaient donné cette richesse. Il a choisi de quitter la maison et de s'en aller dans un pays lointain. Il a évité le contrôle ou le conseil de son père. Il a pensé qu'il avait ce dont il avait besoin pour sa vie. C'est ainsi que nous nous comportons avec nos parents, spécialement avec Dieu. Nous pensons que nous pouvons nous prendre en charge. Nous n'avons pas besoin de Dieu dans notre vie. Nous nous voyons comme nos propres maîtres tout comme ce fils prodigue.

Une personne têtus: 15.14-16.
Lorsque toute sa richesse a disparue, il a décidé de trouver de l'aide auprès de personnes autres que son propre père qui lui avait donné ce qu'il possédait. Ceux et celles en qui il avait confiance l'ont trompé. Sa vie s'est dégradée au point qu'il s'est retrouvé à manger ce qu'on donnait aux porcs. Notre entêtement ne nous aide pas mais peut nous détruire. Sans Dieu nous sommes sans espoir et sans aide.

Une personne qui s'humilie elle-même: 15.17-19
Pour trouver de l'aide, il devait réaliser qu'il ne pouvait s'aider lui-même, pas même les riches du pays où il habitait. Il devait réaliser là où il avait échoué. Il devait admettre qu'il avait tort. Il devait admettre qu'il avait besoin de son père plus que tout. Il devait ravaler sa fierté et s'humilier. Il l'a fait en déclarant ce qu'il allait dire à son père. Lisez les versets 17 à 19. Soyez ouverts aux questions qui pourraient être posées.

Une personne déterminée à changer complètement sa vie : 15.20a, 21
Afin de trouver de l'aide, il devait faire un pas courageux. La Bible dit qu'il s'est levé et il est allé chez son père. C'est un pas de foi. Il avait tellement confiance en son père qu'il s'est levé et est allé de manière déterminée le trouver. C'était son seul espoir ! Cela a dû lui prendre beaucoup de temps, mais il été déterminé à trouver la véritable aide de son père. Notre relation avec Dieu, notre Père céleste se matérialisera uniquement lorsque nous faisons un pas de foi vers lui sans douter. Nous devons délibérément mettre toute notre confiance en Dieu comme notre seul espoir comme il l'a fait le fils prodigue.

La grâce toute suffisante de son père : 15.20b, 22-24
A sa surprise, il n'avait pas fini sa confession parce que le père était heureux que son fils perdu revienne à la maison. Il lui a pardonné sans condition. Il était accepté comme un fils qui avait perdu son héritage. Une fête a été préparée avec toute la famille pour se réjouir. Même le frère en colère était invité à la fête ! Combien plus Dieu nous accueillera-t-il vous et moi lorsque nous nous repentons véritablement comme l'a fait le fils ! Il veut plus que jamais nous recevoir vous et moi dans sa relation vivante.

Questions de discussion:
a. Est-ce que toute personne peut avoir une relation avec Dieu si elle met sa confiance en elle-même ? Expliquez.

b. D'après la leçon d'aujourd'hui, comment pouvez-vous expliquer la repentance ?

c. Comment Dieu accepterait-il ceux et celles qui se repentent véritablement de leurs péchés donnent leur vie à Dieu ? Expliquez.

Conclusion:
Terminez la leçon en donnant l'opportunité à ceux qui le veulent de se repentir. Priez avec eux. N'oubliez pas de donner leur nom et adresse au pasteur pour le suivi.

Leçon 18: NOUS CROYONS EN LA JUSTIFICATION

Passages: Romans 5.1-2, 9-11, 15-21; 2 Corinthiens 5.17-21

Verset à mémoriser: Romans 5.1
« Etant donc justifiés par la foi, nous avons la paix avec Dieu par notre Seigneur Jésus Christ!»

Explication du verset à mémoriser:
Ceux et celles qui ont mis leur foi en Jésus Christ en tant que pécheurs ont reçu le pardon de leurs péchés. Tous leurs mauvais actes et péchés passés ont été annulés dans la présence de Dieu. Ils ne sont plus ennemis de Dieu. Ils ont la paix avec Dieu et il en résulte une paix dans leur cœur. C'est à dite qu'ils ont été justifiés.

Objectifs: A la fin de cette leçon on devra être capable de:
  a. Comprendre la vérité que ceux et celles qui croient en Jésus ont leurs péchés totalement pardonnés.
  b. Comprendre que ceux et celles qui ont été pardonnés ont été rendus justes.
  c. Comprendre que ceux et celles qui ont été pardonnés font l'expérience de la paix avec Dieu.

Introduction:
Dans notre dernière leçon nous en avons appris plus sur la repentance qui signifie revenir à Dieu en regrettant notre style de vie passé. Rappelez-vous du fils prodigue ! Aujourd'hui nous voulons voir ce qui se passe quand une personne se repent et donne sa vie à Dieu. Nous apprendrons la justification, l'œuvre faite par Dieu pour chaque personne qui se repent et se tourne par la foi vers Dieu.

Qu'est-ce que la justification? Romains 5.18
Nous devons répondre à cette question afin de comprendre et mieux apprécier la leçon d'aujourd'hui. « La justification est l'acte de grâce de Dieu en tant que juge par lequel il accorde pleinement son pardon de toute culpabilité et nous libère totalement de la pénalité des péchés commis et accepte comme juste tous ceux et celles qui croient en Jésus Christ et l'ont reçu comme leur Seigneur et Sauveur. »

Cela nous enseigne que Dieu est le grand juge de tout l'univers. Tout personne, jeune et vieille se tiendra devant le trône du jugement un jour pour être jugé selon la vie menée sur terre. En ce jour il n'y aura pas de miséricorde. C'est ainsi parce que les gens ont brisé les lois connues de Dieu, ils ont commis des péchés. Tout péché commis mérite une punition.

Cependant Dieu dans sa bonté et sa miséricorde a maintenant pourvu la voie pour régler le péché avant la venue du jour du jugement. Lorsque Jésus est mort sur la croix, Dieu notre Père céleste a jugé jésus de la part de toute l'humanité. Au lieu de nous punir en tant que pécheurs, il a puni Jésus à notre place afin que ceux et celles qui choisissent de se tourner vers Dieu et mettre toute leur confiance en Jésus Christ comme Seigneur et Sauveur seront pardonnés de leurs péchés et traités comme s'ils n'avaient jamais péché.

Pouvez-vous être une personne juste ? Romains 15.18-19, 2 Corinthiens 5.17.
La bonne nouvelle de la justification est que Dieu n'annule pas seulement nos péchés passés, mais il fait également une chose merveilleuse dans nos cœurs (vies). Il nous rend juste. Nous sommes pécheurs mais maintenant nous avons été rendus justes parce que nous avons mis notre confiance en Jésus Christ qui a été jugé à notre place. En d'autres termes, Jésus a enlevé nos péchés puis il nous a donné sa justice. Nous sommes devenues de nouvelles créatures (création). C'est une merveilleuse nouvelle qui doit être proclamée par ceux qui ont été délivrés de leurs péchés passés et rendus justes par Jésus Christ notre Seigneur et Sauveur.

En 2 Corinthiens 5.17, Paul dit que les choses anciennes sont passées et toutes choses sont devenues nouvelles. Cela veut dire que ce que nous avions fait avec nos péchés passés a été lavé par le sang de Jésus Christ pour celui qui met sa confiance en lui et la nouvelle a pris la place de l'ancienne. C'est glorieux en effet ! Toute personne qui s'est tournée vers Dieu et mis sa confiance en Jésus Christ a été rendue juste et peut continuer à l'être tant qu'elle ne cesse pas de mettre sa confiance en Jésus Christ.

Mais comment est la relation entre cette personne et Dieu ? Romains 5.1-2, 9-11.
Aux versets 9 à 11 nous voyons que nous étions ennemis de Dieu parce que nous avions brisé ses lois, nous avions été désobéissants, en fait nous étions rebelles. Mais à présent que nous nous sommes repentis et sommes tournés vers Dieu et mis notre foi en Jésus Christ, nous avons été réconciliés avec Dieu par la mort de Jésus. Il y a maintenant une amitié entre Dieu et nous. L'inimitié a été détruite. Une nouvelle relation a été créée. D'après les versets 1 et 2, il y a maintenant une paix entre Dieu et la personne qui a mis totalement sa confiance en Jésus Christ. La justification apporte la paix intérieure entre Dieu et le pécheur repentant qui a mis sa confiance en Jésus pour son salut.

Questions de discussion:
a. Que signifie être justifié ? Expliquez.

b. Une personne pécheur peut-elle être rendue juste devant Dieu ? Expliquez.

c. Pensez-vous qu'il peut y avoir la paix entre Dieu et un pécheur ? Expliquez.

Conclusion:
Il y a-t-il quelqu'un qui veut être pardonné de ses péchés et amené dans cette relation avec Dieu ? Planifiez de prier pour ceux et celles qui voudraient revenir à Dieu maintenant. Donnez les noms au pasteur pour le suivi. Terminez la classe avec une prière d'action de grâce à Dieu qui nous a permis d'être juste et d'avoir la paix avec lui.

Leçon 19: CE QUE VOUS DEVEZ COMPRENDRE PAR REGENERATION

Passages: Jean 1.12-13; 3.1-9; Tite 3.4-7; 1 Pierre 1.23

Verset à mémoriser: Tite 3.5-6
« Il nous a sauvés, non à cause des œuvres de justice que nous aurions faites, mais selon sa miséricorde, par le bain de la régénération et le renouvellement du Saint-Esprit. Il l'a répandu sur nous avec abondance par Jésus-Christ notre Sauveur. »

Explication du verset à mémoriser:
Faire de bonnes œuvres ne sauve personne mais le salut est à cause de la miséricorde de Dieu pour le pécheur. Le Saint Esprit utilise le sang de Jésus pour purifier un pécheur repentant de ses péchés. Au même moment, cette personne devienne une nouvelle créature ou elle naît de nouveau mais dans la famille de Dieu à présent.

Objectifs: A la fin de la leçon on devra être capable de:
 a. Définir la régénération.
 b. Savoir que la régénération leur donne une nouvelle nature.
 c. Qu'en étant né de nouveau, ils auront le Saint Esprit vivant en eux.
 d. Savoir que lorsque qu'une personne naît de nouveau, le Saint Esprit témoignera de ce fait.

Introduction:
Nous avons vu dans la dernière leçon que lorsqu'une personne revient à Dieu par la foi en Jésus Christ, elle reçoit le pardon de ses péchés comme si elle ne les avait jamais commises. Elle est justifiée. La justification d'une personne vient en même temps que la nouvelle naissance. C'est également connu comme étant la régénération. Dans notre leçon aujourd'hui, nous allons apprendre sur cela.

Que voulons dire par régénération? Tite 3.5-6
Le terme régénération signifie être né de nouveau. En Jean 3.3-8, Jésus Christ parle de la nouvelle naissance à Nicodème. Il lui dit qu'il doit naître de nouveau. Il dit à Nicodème qu'il doit être régénéré. C'était régénération signifiait naître de nouveau. Vous et moi sommes nés de nos mères. Elles nous ont donné une naissance physique. Mais pour avoir une relation avec Dieu, toute personne a besoin de la naissance spirituelle, doit être régénérée. Toute personne a besoin de cette nouvelle naissance.

Qui nous donne la nouvelle naissance? Jean 1.12-13; 3.1-9; Tite 3.5-6
Jésus a dit à Nicodème que le Saint Esprit donne la nouvelle naissance. L'apôtre Paul insiste dessus au chapitre trois de Tite. Le Saint Esprit donne à ceux et celles qui croient en Jésus Christ cette nouvelle naissance basée sur la mort et la résurrection de Jésus Christ du tombeau. C'est l'œuvre du Saint Esprit d'appliquer ce que Jésus Christ a accompli sur la croix pour tous les croyants.

Que se passe-t-il dans la régénération?
La justification est l'œuvre que Dieu fait au ciel, en tant que juge lorsqu'il annule tous les péchés passés de ceux et celles qui se sont repentis et ont mis leur foi en Jésus Christ. Mais cela ne s'arrête pas là. Dans la régénération, comme le Saint Esprit donne eu pécheur croyant une nouvelle naissance, il change la nature de pécheur en une nature

sainte. Le pécheur est né de nouveau ou le pécheur a été rendu nouveau. C'est là que le Saint Esprit nous rend juste dans notre être intérieur. Il lave nos cœurs de tout péché. Il ravive nos consciences. Il nous donne un témoignage de ce qu'il a fait en nous ! C'est en Romains 8.16 qu'il est : « L'Esprit rend lui même témoignage à notre esprit que nous sommes enfants de Dieu. » Non seulement cela, le Saint Esprit commence à vivre dans nos cœurs. Nous lisons en Romains 8.9 : « Pour vous, vous ne vivez pas selon la chair, mais selon l'Esprit, si du moins l'Esprit de Dieu habite en vous. Si quelqu'un n'a pas l'Esprit de Christ, il ne lui appartient pas. »

Ainsi, nous savons et comprenons maintenant que ceux et celles qui sont nés de nouveau sont nés du Saint Esprit qui vit en eux. Le Saint Esprit représente la Trinité divine dans la vie de chaque croyant né de nouveau. Un croyant est habité par le Saint Esprit qui le guide dans sa nouvelle manière de vivre.

Quels avantages y a-t-il à naître de nouveau?
a. Toute personne naît de nouveau devient enfant de Dieu. Ce sont les paroles de Jésus Christ en Jean 1.12 : « A tous ceux qui l'ont reçu, à ceux qui croient en son nom, elle a donné le pouvoir de devenir enfants de Dieu. »

b. Le Saint Esprit rend témoignage à notre esprit que nous sommes né de nouveau, enfant de Dieu.

c. Toute personne née de nouveau reçoit la purification de tout ce qui est pécheur. Il reçoit une nouvelle nature.

d. Toute personne naît de nouveau reçoit le Saint Esprit dans sa vie. Cela signifie que le Saint Esprit qui est le représentant de la Trinité divine vient et fait de notre vie sa demeure.

e. Jésus a dit que celui qui est né de nouveau verra et entrera dans le royaume de Dieu.

Vous commencez à expérimenter le ciel pendant que vous êtes encore dans ce monde. C'est une expérience extraordinaire que de naître de nouveau !

Questions de discussion:
a. Qu'est-ce que la régénération?

b. Comment sait-on si on est né de nouveau ? Expliquez.

c. Quand le Saint-Esprit vit il dans notre vie ?

d. Qui peut entrer dans le royaume de Dieu ?

Conclusion:
Prenez le temps de prier avec ceux et celles qui veulent donner leur vie à Jésus afin de naître de nouveau. Terminez la classe en demandant à chacun de prier en silence pour remercier le Seigneur Dieu d'avoir fait ce plan de faire de nous ses enfants.

Leçon 20: CE QUE VOUS DEVEZ COMPRENDRE PAR ADOPTION

Passages: Jean 1.12-13; Romains 8.12-17; 1 Jean 3.1-3

Verset à mémoriser: 1 Jean 3.1
« Voyez quel amour le Père nous a témoigné, pour que nous soyons appelés enfants de Dieu! Et nous le sommes. Si le monde ne nous connaît pas, c'est qu'il ne l'a pas connu. »

Explication du verset à mémoriser:
Toute personne née de nouveau est née de Dieu. C'est pour cette raison que Dieu fait de chaque personne née de nouveau, son enfant. Cela signifie que Dieu est votre Père céleste. Vous être un enfant de Dieu.

Objectifs: A la fin de cette leçon on devra être capable de:
   a. Savoir que ceux qui sont nés de nouveau sont nés de Dieu.
   b. Savoir que quiconque est né de nouveau a été adopté par Dieu pour être son enfant.
   c. Savoir que quiconque est né de nouveau a été fait co-héritier de Dieu avec Jésus.
   d. Savoir que ceux qui sont co-héritiers avec Jésus partageront également sa souffrance.

Introduction:
Dans les deux dernières leçons nous avons appris la justification et la régénération. Aujourd'hui nous apprendrons l'adoption. A présent, la justification, la régénération et l'adoption sont ce que Dieu fait dans la vie de ceux et celle qui se tournent vers lui par la foi. Dieu fait toutes ces trois œuvres de grâce au même moment. Nous les avons séparés uniquement pour les besoins de l'enseignement.

Qu'est ce que l'adoption?
Par adoption, nous voulons dire qu'une personne qui est étrangère a été accepté et a reçu tous les droits pour être un enfant de ces parents qui veulent qu'il soit leur enfant. Cela signifie que chaque enfant né dans cette maison a le droit d'être aussi un enfant adoptif. Il n'y a pas de discrimination entre l'enfant adoptif et ceux qui sont nés dans la famille. Ils sont égaux en tous points. Lorsqu'il s'agit d'héritage, il est divisé également parmi les enfants, celui qui est adopté inclus. Seule la grâce peut faire cela !

Dieu, dans sa grâce a adopté tout personne qui se tourne vers lui par la foi en la mort et la résurrection de Jésus Christ pour être son propre enfant et a reçu le droit d'enfant de Dieu. Jésus lui-même appelle ces gens ses propres frères (et sœurs). En tant qu'enfant de Dieu, toute personne née de nouveau devra à présent apprendre à vivre comme tel.

A présent que vous êtes enfants de Dieu, qu'attend on de vous ?
   a. Nous devons apprendre de nos frères ainées qui ont été enseigné à nous enseigner parce que Jésus Christ a commandé à ceux qu'il a enseigné de : « allez et faites de toutes les nations des disciples… leur enseignant à obéir à tout ce que je vous ai ordonné. » Ceux qui sont nés de Dieu ont besoin d'apprendre

l'obéissance et se consacrer afin d'apprendre et grandir. Si un nouveau né pouvait réclamer tout, les parents seraient surpris de ce qu'ils réclameraient ! Il en va de même dans la vie spirituelle. Les enfants ont besoin d'être enseignés par ceux qui les ont conduit à Christ.

b. Nous avons besoin d'apprendre à suivre la direction de Dieu le Saint Esprit, « parce que ceux qui sont dirigés par l'Esprit de Dieu sont enfants de Dieu. » Ceux qui sont nés de nouveau sont entrés dans une nouvelle manière de vivre. Mais le Saint Esprit est prêt à mener l'enfant de Dieu obéissant dans cette nouvelle vie ; Tout comme des parents enseignent leurs enfants ce qu'ils attendent d'eux, il en est de même avec le Saint Esprit.

c. On attend de chaque enfant de Dieu qu'il partage la souffrance de Jésus Christ pendant qu'il est dans ce monde. La bénédiction d'être un enfant de Dieu va avec la souffrance en son nom. En tant qu'enfants de Dieu nous voulons hériter tout ce que Dieu a en réserve pour nous. C'est très bon et acceptable pour notre Père céleste. Mais il y a un prix à payer pour cela. Nous lisons que si nous sommes enfants, alors nous sommes héritiers, héritiers avec Christ, si bien sûr nous participons à ses souffrances afin de participer aussi à sa gloire (Romains 8.17). Nous n'aimons pas la souffrance ! Mais cela fait partie du fait d'être enfant de Dieu.

d. Il y a quelques bonnes nouvelles pour ceux qui sont enfants de Dieu. Etant donné que nous ne pouvons pas éviter la souffrance si nous voulons être co-héritiers avec Christ, il y a une grande consolation pour nous. Notre souffrance pour la cause de Christ ne peut être comparée à la gloire qui sera révélée en nous (Romains 8.18). Nous ne savons pas ce que ce sera !

e. Nous devons apprendre à parler à notre Père céleste chaque jour. Jésus a très souvent prié. Nous devrions apprendre de lui. Cela nous aidera à continuer de suivre la direction du Saint Esprit.

Questions de discussion:
1. Que voulons-nous dire par adoption ? Expliquez.

2. Qui est adopté comme enfant de Dieu ?

3. D'après la leçon d'aujourd'hui, pourquoi les enfants de Dieu doivent-ils souffrir ?

Conclusion:
Prenez le temps de prier pour remercier Dieu d'avoir fait de ceux qui croient, ses enfants. Priez pour chaque étudiant qui veut être enseigné. Priez aussi pour la persévérance lorsque chacun souffrira pour la cause de Christ.

Leçon 21: LE SALUT: PURIFICATION DE l'INCLINATION AU MAL

Passages bibliques : Actes 10:44-48; 15:8-9; I Jean 3:8

Verset à mémoriser : Actes 15:8-9.
« Dieu qui connait les cœurs, leur a rendu témoignage en leur donnant le Saint-Esprit comme à nous, Il n'a fait aucune différence entre eux et nous, ayant purifié leurs cœurs par la foi. »

Explication du verset:
Ce dont Pierre se souvient concernant l'expérience de la Pentecôte est que leurs cœurs furent purifiés quand ils reçurent le Saint-Esprit par la foi. Cela survint aussi aux croyants à Césarée en Actes 10:44-48.

Objectifs: A la fin de la leçon, les étudiants devraient:
a. Comprendre que le péché originel demeure dans la vie de ceux qui sont nés de nouveau.
b. Savoir que ceux qui sont nés de nouveau doivent être purifiés du péché originel.
c. Désirer être purifiés du péché originel.

Introduction:
A Césarée, les gens à qui Pierre a prêché étaient déjà des croyants. Comment savons-nous cela? Il n'est nulle part mentionné qu'ils ont accepté Jésus pendant que Pierre prêchait. On nous dit que pendant qu'il parlait encore « le Saint-Esprit survint sur tous ceux qui entendirent le message ». Plus tard, à Jérusalem, Pierre a expliqué que ces gens avaient reçu le Saint-Esprit comme ils l'avaient reçu, eux aussi, le jour de la Pentecôte. IL dit que leur cœur fut purifié comme celui des disciples aussi le jour de la Pentecôte. Notez que les disciples étaient déjà des croyants quand leur cœur fut purifié par la venue du Saint-Esprit dans leurs vies. Notons que là où le Saint-Esprit fut donné, les gens étaient déjà des croyants, c'est-à-dire qu'ils étaient déjà sauvés de leurs péchés.

De quoi furent-ils purifiés?
La question à laquelle nous devons répondre, est celle-ci : « De quoi furent-ils purifiés ? » Les péchés que les gens ont commis leur sont pardonnés à l'instant où ils mettent leur foi en Jésus. Leurs cœurs rendent témoignage de leur salut. Ils savent qu'ils sont enfants de Dieu. Maintenant, pourquoi ont-ils besoin d'être purifiés ?

Lorsqu'Adam eut péché dans le Jardin d'Eden, la conséquence de son péché fut une mort physique et spirituelle. A cause du péché d'Adam, nous naissons tous avec une tendance à pécher, ou avons un penchant pour le mal, en d'autres termes. Personne sur terre n'échappe à ces conséquences qui résultent du péché d Adam. Nous l'appelons péché originel ou « dépravation héritée ». Cette dépravation ne disparait pas au moment de la nouvelle naissance. Elle demeure dans la vie d'un enfant de Dieu né de nouveau. Cependant, personne n'est tenu pour responsable, jusqu'au moment ou la personne en question néglige ou rejette le remède pourvu par Dieu. Les apôtres et les croyants à Césarée furent purifiés de leur l'inclination au mal ; c'est le péché originel ou la dépravation héritée.

Pourquoi les croyants doivent-ils être purifiés de leur tendance au mal ?
Un enfant en bonne santé grandit bien, est heureux et très actif. Un enfant malade est vivant, mais grandit mal, est malheureux et inactif. L'avenir d'un enfant malade est incertain. Les parents ne sont pas heureux avec leur enfant. Sa santé fragile affecte toute la famille. Pour changer complètement la situation, il faut une assistance pour la santé de l'enfant.

De la même façon, si l'enfant de Dieu né de nouveau n'est pas purifié de la tendance au mal qui est partie intégrante de sa vie, il grandira spirituellement avec difficulté. Par conséquent, il ne sera pas productif. Ceci peut le mener à déchoir de la grâce ou du salut. Afin de changer ces possibilités, Dieu pourvoit la purification dans la vie du croyant contre cette tendance au mal. Le Saint-Esprit le fait au moyen du sang de Jésus. La mort de Jésus à la croix comprend la purification du cœur des croyants 1 Jean 3:8. Le travail de Satan doit être éradiqué de la vie des enfants de Dieu.

Que se passera-t-il si une personne refuse d'être purifiée de la tendance au mal ?
Comprenons les vérités suivantes qui nous aideront à apprécier le plan de Dieu pour notre salut.

   a. Jésus est venu dans ce monde pour sauver son peuple de ses péchés. Mt 1:21.

   b. Jésus est venu dans ce monde pour détruire toutes les œuvres du diable, 1 Jean 3:8.

   c. Etre sauvé du péché signifie être sauvé de tout ce qui est péché. Ceci inclut la tendance au mal; c'est à dire le péché originel.

   d. Refuser d'être purifié de la tendance au mal, c'est choisir de désobéir à Dieu qui veut vous purifier de ce péché. La désobéissance est une rébellion contre Dieu. C'est le péché, Rm. 8:7.

   e. Une personne qui n'est purifiée de l'inclination au péché sera sous le contrôle de cette inclination. Une personne contrôlée par la tendance au mal ne peut en aucune façon, plaire à Dieu, Rm 8:5 8. Ceci veut dire qu'elle vivra dans le péché, qu'elle plaira à Satan.

   f. Ceux qui entreront dans le Royaume de Dieu sont ceux-là qui font la volonté de Dieu qui est dans les cieux, Mt 7: 21-23.

Soyez sages! Cherchez à être purifiés de la tendance au mal ; c'est à dire du péché originel maintenant. C'est un don de notre tendre Père céleste à ses chers enfants. C'est pourquoi Jésus a donné sa vie à la croix. Il a payé le prix.

Questions à discuter:
   a. Le salut inclut-il le pardon des péchés et la purification du péché originel?

   b. Pourquoi devons-nous être purifiés du péché originel ? Expliquer clairement.

   c. Que se passera t-il si quelqu'un refuse de se laisser purifier de l'inclination au mal?

Conclusion:
Le salut offert par Jésus, inclut le salut par rapport au péché personnel et au péché originel. Etre vraiment sauvé signifie qu'on est également purifié du péché originel. Celui qui est purifié du péché originel a une vie spirituelle saine. Cette personne grandira spirituellement plutôt bien.

Leçon 22: LE SALUT: UNE VIE REMPLIE DU SAINT-ESPRIT

Passages bibliques: Romains 6:15-23; Galates 5:18-26

Verset à mémoriser: Galates 5:22-23
« Mais le fruit de l'Esprit est l'amour, la joie, la paix, la patience, la bonté, la bénignité, la fidélité, la douceur, la patience ? Et le contrôle de soi . La loi n'est pas contre ces choses. »

Explication du verset:
Ceux qui sont remplis du Saint-Esprit produisent le fruit de l'Esprit, ce qui démontre qu'une personne est remplie du Saint-Esprit. Ce fruit est l'amour, qui a différents aspects selon les versets 22,23.

Objectifs: A la fin de la leçon, les étudiants devraient:
   a. Comprendre qu'être libéré du péché, c'est être libre, afin que Dieu dirige totalement votre vie.
   b. Savoir que ceux qui sont libérés du péché produisent le fruit de l'Esprit.
   c. désirer marcher en conformité avec l'Esprit.

Introduction:
Quand nous parlons du salut, nous faisons allusion au fait d'être libérés de nos péchés. Il peut s'agir des péchés personnels, ou du péché originel. Tel étant le cas, toute personne sauvée doit l'être de tout péché dont le péché originel. Lorsqu'une personne n'est pas sauvée du péché originel, on conclut que le salut pour lequel Jésus est mort n'est pas accompli dans la vie de cette personne. Selon Romains chapitre 6, le salut implique que la vie de la personne sauvée n'est plus sous le contrôle du péché mais sous le contrôle de Dieu. Et si c'est le cas, le fruit produit dans la vie de cette personne, par le Saint-Esprit en sera le résultat.

Ne plus être contrôlé par le péché, le salut, a pour résultat être contrôlé par Dieu (Romains 6:15-23) Un pécheur est une personne qui est sous le contrôle du péché. Cette personne est indépendante vis à vis de Dieu. La vie qu'elle mène adule le péché, c'est Satan. Ceci signifie que Dieu n'est pas content de la manière de vivre de cette personne. Le bien fait que cette personne fait est dicté par le péché qui est son maitre. Ceci signifie que ce qu'elle fait est inique à cause de la source de son action. Le bien qu'elle fait cache sa vraie nature seulement en présence des hommes, mais pas de Dieu. C'est un esclave du péché. Notez que le fait d'être esclave du péché **n'est pas** un choix délibéré qu'une personne fait en âme et conscience. Elle pense agir selon son bon vouloir, mais en réalité, elle fait la volonté de Satan. Satan se cache derrière la volonté de celle-ci, la contrôle, tout en déguisant sa personnalité.

Mais la personne qui est sauvée du péché devient un esclave de la justice- c'est à dire de Dieu. Tandis qu'elle choisit d'obéir à Dieu, cette personne est libérée du contrôle de Satan et est sous celui de Dieu. Elle sait parfaitement qu'elle fait la volonté de Dieu, plutôt que la sienne propre. Sa manière de vivre change, d'une vie de péchés, elle passe à une vie de justice. La différence entre les deux manières de vivre est très nette. Notez que le fait d'être esclave de la justice est un choix délibéré qu'on fait en âme et conscience. Dieu fait clairement savoir à cette personne qu'elle fait la volonté de Dieu. Par conséquent, une personne sauvée ne peut vivre continuellement dans le péché, ou la désobéissance à Dieu. Pourquoi? parce que cette personne a choisi d'être sous le contrôle de Dieu en connaissance de cause.

Ceux qui sont sauvés du péché produisent le fruit de du Saint-Esprit: Gal 5:18 -23.
Une personne libérée du péché originel est différente de celle qui n'est pas encre libérée. La personne qui n'est pas libérée du péché originel est divisée dans sa loyauté à l'égard de Dieu. Elle oscille entre la volonté de Dieu et sa propre volonté. Elle échoue à plaire à Dieu, comme on l'a vu en Romains 8 5-8; dans la leçon précédente. Par conséquent, cette personne produira les œuvres de la nature pécheresse. Lire Gal. 5:18-21.

Mais la personne qui est sauvée du péché originel, c'est à dire contrôlée par Dieu, produira le fruit du Saint-Esprit. Jésus a dit qu'on reconnait les gens à leurs fruits. Si Vous désirez une banane, irez-vous vers un figuier ? Non, vous irez vers un bananier. Donc, le Saint-Esprit, qui est Dieu, contrôle ceux qui produisent le fruit spirituel.

Quel est ce fruit ? C'est l'amour, la joie, la paix, la patience, la gentillesse, la bonté, la fidélité, la douceur, le contrôle de soi. C'est la nouvelle nature inhérente à ceux qui sont sauvés de tous les péchés. C'est leur marque de fabrique. Notez que c'est le fruit du Saint-Esprit. Ce n'est pas leur propre fruit. Le Saint-Esprit le produit tandis qu'il contrôle leurs vies. C'est le résultat de leur état d'esclaves de la justice. Ainsi, vous et moi avons besoin d'être contrôlés par le Saint-Esprit, afin que nous puissions produire son fruit en nous. Ce n'est suffisant d'être absous de nos péchés, justifiés et régénérés. Nous avons besoin d'être libérés du péché originel et d'être contrôlés par le Saint-Esprit

Les résultats supplémentaires pour être sauvé du péché originel sera notre marche en conformité avec le Saint-Esprit. Qui ne voudrait pas marcher pas à pas avec le Saint-Esprit? Personne. Tous, nous voulons vraiment marcher aux cotés du Saint-Esprit. C'est le désir de tout enfant de Dieu né de nouveau. Amos, le prophète a posé cette question : « Deux peuvent-ils marcher ensemble à moins d'en avoir convenu ensemble? » Oui, vous et moi devons choisir d'être esclaves de Dieu, afin de jouir de la communion de marcher tous les jours, cote à cote avec le Saint-Esprit.

Questions à discuter:
a. Qu'entendons-nous par « esclaves de la justice » ainsi que nous l'avons vu en Rm 6:19-22?

b. Quelle est la marque de fabrique de ceux qui sont remplis du Saint-Esprit? Ils sont au nombre de neuf en tout.

c. Quel est le résultat supplémentaire pour être sauvé du péché originel?

Conclusion:
La bénédiction qui résulte d'être sauvé du péché aura toujours pour résultat de porter le fruit du Saint- Esprit. C'est le but du salut pour quiconque cherche à être sauvé du péché. Jésus est venu pour sauver son peuple du péché, afin qu'ils puissent produire le fruit de l'Esprit.

Leçon 23: L'EGLISE: UN ENDROIT AUQUEL APPARTENIR

Passages bibliques: Ephésiens 5:22-33, Romains 12:1-8

Verset à mémoriser: Matthieu 16:18
« Et je te dis que tu es Pierre, et sur cette pierre je bâtirai mon église, et les portes de l'Enfer ne prévaudront point contre elle. »

Explication du verset
C'est un miracle que l'église étant une très vieille institution d'à peu près 2000 ans, soit toujours très vigoureuse. Il en est ainsi parce que l'Église appartient au Seigneur Jésus Christ qui est vivant. Malgré que l'histoire de l'église n'a pas toujours été parfaite, l'église a survécu à la persécution de tous temps et à l'opposition de la part du diable.

Objectifs: A la fin de la leçon, les étudiants devraient pouvoir:
  a. Définir le terme église
  b. Identifier la tête de l'église
  c. Expliquer leur rôle dans l'église.

Introduction
On raconte l'histoire d'un garçon qui fut converti durant un réveil et qui désirait se joindre à une église. Son père lui dit de commencer par vivre six mois par lui-même, afin de tester s'il était capable de vivre sa religion d'abord. Un jour, étant dans les champs avec son père, ils trouvèrent un agneau séparé de sa mère et qui bêlait. Le père dit au garçon de le ramener à sa mère. Le garçon répondit : « je pense que nous devrions aussi le laisser six mois pour voir s'il vivra ou non, et s'il vit encore, nous le rendrons à sa mère. » Se sentant coupable, le père dit : « Ramène l'agneau à sa mère et joins-toi à l'église si tu le souhaites ».

Pour ceux qui sont sauvés, l'église est le meilleur endroit auquel appartenir. Cette leçon est la première d'une série qui nous entrainent à parler de l'église et de certaines de ses principales activités.

1. Qu'est ce que l'église?

L'église est la communauté de ceux qui croient que Jésus est Seigneur et sauveur, et qui ont été sauvés de leurs péchés indépendamment de la dénomination. L'église est aussi appelée le corps de Christ. Cependant, il y'a plusieurs autres métaphores dans la Bible pour décrire l'église.

Le mot église est aussi utilisé de plusieurs manières dans le langage quotidien:
  a. Il se réfère à l'endroit où les chrétiens se rassemblent pour adorer.

  b. Eglise peut se référer à une communauté organisée de croyants chrétiens-une dénomination.

  c. L'église se réfère aussi à une congrégation locale.

2. **Jésus Christ est la Tête de L'église (Ephésiens 5:25-33).**
   L'église, en tant que peuple de Dieu est un organisme vivant en construction (Mathieu16:18) et qui appartient à Christ vivant. Etant la tête de l'église, Jésus Christ agit en sa faveur. Il l'aima et mourut pour elle (vs.25). Il la purifie par la parole, afin que l'église soit sainte et sans tâche (vs. 26-27). Christ prend soin de l'église (vs. 29) en la nourrissant avec une nourriture spirituelle et la protège du danger.

3. **Le rôle des croyants dans l'Eglise (Ephésiens 5:22-24; Romains 12:4-8)**
   a. En tant qu'enfants de Dieu nous sommes l'église de Dieu.

   b. En toutes choses, nous sommes tenus de nous soumettre à Christ, la tête de l'Eglise (Ephésiens 5:22-24). Par amour et pour prouver que nous apprécions ce qu'il a fait pour nous, nous lui devons une soumission volontaire, non par crainte, ou sens du devoir, mais par amour. La soumission implique l'obéissance à sa parole.

   c. Chaque croyant, étant partie intégrante de l'Eglise est unique et a une fonction spéciale (Romains 12:4-8). Tout comme chaque organe du corps humain a un rôle spécial à jouer pour le bénéfice de tout le corps, ainsi en est il de l'Eglise. L'erreur commise par certaines personnes est de penser qu'elles ont joint l'Eglise pour se reposer et être servies. Nous sommes appelés dans l'église pour être des participants et non des observateurs, des contributeurs et non des consommateurs. Servir Dieu et les autres chrétiens rend le parcours chrétien plus exaltant et gratifiant.

Questions à discuter:
1. Donner certaines raisons qui poussent les gens à se joindre à l'église

2. Quel doit être notre raison de nous joindre à l'église ?

3. Citer et discuter les rôles de ministère dans Romains 12:6-8. Comment le verset 3 aide t-il l'église à rester unie malgré ses différents dons et ministères?

4. Quels sont les défis ou succès que votre église expérimenterait, si vous adoptiez cette attitude?

Conclusion
Nous sommes l'église, le corps de Christ. Donc, nous devons nous soumettre à Jésus Christ la Tête de l'église. Nous devons utiliser nos dons pour servir Dieu et les autres. Montrons en tant que membres du corps de Christ que nous appartenons vraiment à l'église.

Leçon 24: LE BAPTEME: SYMBOLE DU SALUT

Passages bibliques: Matthieu 3:1-11; 28:19-20; Actes 2:37-41; Romains 6:3-4

Verset à mémoriser: Matthieu 28:19-20
« Allez donc, et faites de toutes les nations des disciples, les baptisant au nom du Père, du Fils et du Saint-Esprit, en leur enseignant tout ce que je vous ai recommandés. »

Explication du verset:
Chaque organisation, société ou groupe de personnes a une manière d'initier ses nouveaux membres. Tandis que le baptême peut être vu comme une manière d'initier les nouveaux croyants, il s'agit surtout que ces croyants démontrent qu'ils ont accepté la grâce de Dieu de les sauver de leurs péchés. C'est en accomplissement du commandement de Jésus de faire des disciples et de les baptiser au nom du Père, du Fils, et du Saint-Esprit.

Objectifs: A la fin de la leçon les étudiants devraient pouvoir:
   a. Expliquer la signification du baptême.
   b. Citer la condition à remplir pour le baptême
   c. Expliquer le besoin d'être baptisé
   d. Expliquer comment s'accomplit le baptême

Introduction
Le baptême et le Repas du Seigneur sont les deux sacrements qui ont été adoptés par l'église parce que Jésus a ordonné qu'ils soient pratiqués. Un sacrement est un signe extérieur d'une grâce intérieure divine. Dans cette leçon, nous allons mettre l'accent sur le baptême.

Un prédicateur Nazaréen qui est maintenant au ciel avait l'habitude de dire « Mettez une pierre dans l'eau et retirez la au bout de 40 jours, elle restera toujours une pierre. » Discuter cette affirmation avec la classe en relation avec le baptême. *(L'affirmation suggère qu'à moins de se repentir de ses propres péchés, le fait de se baptiser ne peut pas transformer une personne).*

1. Pourquoi les croyants doivent-ils se baptiser? (Mt. 3:13,16; 28:19; Rm. 6:3-4)
Le baptême en tant que signe de la nouvelle vie est une étape importante à entreprendre.
Jésus Christ a ordonné que ceux qui le suivent soient baptisés. (Mt. 28:19). C'est important que nous obéissions à sa parole.

   a. Les croyants doivent être baptisés parce que Jésus a donné l'exemple avant de commencer son ministère terrestre. (Mt. 3:1316).

   b. Etant un signe extérieur, le baptême devient un témoignage nécessaire pour les croyants et les pécheurs, que nous sommes maintenant des enfants de Dieu (Rom 6:3-4). Le nouveau converti s'identifie avec l'église.

2. **Le baptême est une déclaration de notre repentance (Actes 2:38, 41; Romans 6:1-4).**

   a. Les Ecritures enseignent clairement que le baptême suit la repentance. Personne ne peut être sauvé du péché par le baptême. C'est seulement à travers la foi en Jésus que nous pouvons être sauvés. Mais, par le baptême, nous témoignons que nous sommes séparés de nos péchés, afin de vivre une nouvelle vie. Nous sommes symbolique-ment morts à nos péchés et à notre ancienne vie, une mort que nous partageons avec Christ, et donc, nous sommes enterrés avec lui ; en nous relevant du baptême pour la pureté, nous partageons la nouvelle vie donnée par la résurrection de Jésus.

   b. Ayant ainsi déclaré notre foi en Jésus Christ, nous nous sommes identifiés à Lui. Donc, nous disons aux témoins de ne pas être surpris lorsqu'ils nous verrons vivre différemment, comme nous allons par la grâce de Dieu, changer nos voies.

3. **Comment sommes-nous baptisés?**
   a. Nous sommes baptisés au nom du Père, du Fils et du Saint-Esprit en accord avec son commandement. (Mt. 28:19).

   b. Les croyants en Christ peuvent être baptisés par immersion (plongés dans l'eau comme dans une rivière, une piscine, ou un baptistère), par versement d'eau, ou par aspersion.

Question à discuter:
   a. Etant donné que le baptême est un symbole de notre salut, et une fois fait, il ne peut pas être répété contrairement au Repas du Seigneur, quelle est sa signification pour un chrétien dans sa vie quotidienne?

Conclusion

C'est important d'être baptisé comme le Seigneur l'a recommandé, mais gardons-nous de considérer le baptême comme un symbole nécessaire de notre repentance et de notre foi en Christ. Demandez aux étudiants d'aller et de lire Exode 12 pour préparer la prochaine leçon.

Leçon 25: LA SAINTE CENE : RENCONTRE A LA TABLE DU SEIGNEUR

Passages bibliques: Exode 12; Mathieu 26:17-30; I Corinthiens 11:23-34

Verset à mémoriser: I Corinthiens 11:26
« Car lorsque vous mangez ce pain, et buvez cette coupe, vous proclamez la mort du Seigneur jusqu'à son retour . »

Explication du verset
Un des défauts de l'humanité est l'oubli. Nous avons tendance à oublier les choses les plus importantes et avons besoin qu'on nous les rappelle de temps en temps. Le sacrement du Repas du Seigneur nous donne l'occasion de proclamer que Jésus Christ est mort pour nous et ressuscité jusqu'à son retour. Nous devenons des témoins par la foi, de sa victoire sur la mort, et son retour pour son Eglise. C'est une autre raison qui nous pousse à ne pas oublier ce que Jésus a fait pour nous.

Objectifs: A la fin de la leçon, les étudiants devraient:
  a. Exprimer les conditions pour prendre part au Repas du Seigneur
  b. Donner des raisons de prendre part au Repas du Seigneur
  c. Expliquer comment les saints doivent s'approcher de la table du Seigneur

Introduction
Exode 12 nous donne un arrière plan historique du Repas du Seigneur. Durant la veille de l'exode d'Egypte, chaque famille Israélite sacrifia un agneau et le mangea avec du pain sans levain. Cela devint la fête de la Pâque. Depuis lors, ils devaient commémorer cette fête annuellement. Cette fête marqua la délivrance des Israélites de l'Egypte.

Jésus la rendit importante pour les chrétiens en la reliant à sa mort à la croix pour les péchés du monde. Quand lui et ses disciples y prirent part juste avant sa mort, il leur ordonna de le pratiquer en souvenir de lui. Ainsi, cela fut appelé le Repas du Seigneur. Par respect pour sa parole, les chrétiens l'ont célébré de tout temps. Le vin représente son sang versé pour nous et le pain représente son corps crucifié pour nous. Jésus est devenu pour nous l'Agneau Pascal (Jean 1:29). Ce sacrement est aussi célébré comme un symbole de l'accomplissement d'une union spirituelle entre Christ et celui qui participe. D'autres noms utilisés pour cela comprennent la Sainte Communion ou l'Eucharistie.

1. Qui doit prendre part au Repas du Seigneur? (Mathieu 26:18; 1 Corinthiens 11:17-26)
Jésus Christ prit le dernier souper avec ses disciples avant de mourir. Il leur ordonna de le pratiquer en souvenir de lui. Et depuis, l'église a commencé à célébrer le Repas du Seigneur. Pour y prendre part, on doit être un enfant de Dieu qui reconnait et apprécie la mort et la résurrection de Jésus Christ.

2. Pourquoi est-il important de prendre part à la Sainte Communion (1 Corinthiens 11:24-26)
Il y a plusieurs raisons faisant que l'église doit prendre part à ce sacrement:
  a. Jésus Christ ordonna à nous ses disciples de le faire en signe d'obéissance envers lui. (vs. 24-25). De la même manière que Dieu a recommandé aux

Israélites de s'attacher à la fête de pâques, Christ nous ordonne aussi de faire une chose similaire. C'est agréable d'obéir à sa parole et d'expérimenter la grâce qui en résulte.

b. Prendre part au Repas du Seigneur permet aux saints d'être témoins de la mort du Seigneur jusqu'à son retour (vt.26). Nous devons continuer de proclamer, non seulement au monde mais à nous aussi, que Jésus est mort pour nos péchés. Le Repas du Seigneur nous donne aussi le temps de le remercier pour le don du salut.

c. Tandis que nous mangeons le pain et buvons le vin qui nous rappellent le sacrifice de la mort de Christ, nous nous rappelons également la vie, le salut et les bénédictions spirituelles que nous avons en Christ

d. La Sainte Communion nous inspire l'impatience quant à la seconde venue de Christ (vs. 26)

3. Comment approcher la Table du Seigneur. (I Corinthiens 11:27-34)

Lorsque nous nous approchons de la Table du Seigneur, il est important que nous rappelions que nous venons à la rencontre du Seigneur Jésus Christ. D'où il est important de:

a. Nous approcher de la table du Seigneur avec foi et considération, respect et humilité. (vs. 27).

b. Permettre avec espérance à sa grâce de couler dans nos vies comme souhaitée.

Questions à discuter:

Une dame chrétienne Chipo, rendit visite à sa sœur qui était membre d'une autre dénomination. Durant la communion, le diacre qui distribuait le pain et le vin l'esquiva. Le petit garçon de Chipo lança : « Tu n'a rien donné à maman ».

Considérant le cas de Chipo :
a. Y a-t-il une base biblique pouvant justifier le fait qu'un chrétien ne prenne pas part au Repas du Seigneur? Discuter.

b. Chipo méritait-elle de prendre part à la Sainte Communion?

c. Quel conseil pouvons-nous donner à un membre de la congrégation locale qui refuse de prendre part au Repas du Seigneur ?

d. En guise de préparation pour une participation significative au Repas du Seigneur que devrait faire l'individu? Que devrait faire le ministre ?

Conclusion

Lorsque nous prenons part au Repas du Seigneur, nous obéissons à sa parole, et proclamons sa mort et sa résurrection jusqu'à son retour. Tous les saints sont appelés à faire ainsi jusqu'à son retour.

Leçon 26: LA GUERISON DIVINE: UN ACTE DE MISERICORDE DIVINE

Passages bibliques: Actes 3:1-16

Verset à memoriser: Mathieu 4:23
« Jésus parcourait la Galilée, enseignant dans leur synagogue, prêchant la bonne nouvelle du Royaume, et guérissant toute maladie et infirmité parmi le peuple. »

Explication du verset:
La maladie, qu'elle soit (physique, mentale, sociale, etc.) apporte souvent le désespoir à cause de la souffrance qu'elle provoque. Et parfois, tandis que nous ne ménageons aucun effort pour trouver de l'aide, il semble qu'elle ne finit jamais. Cependant, c'est merveilleux de nous rendre compte que nous avons un Dieu Tout-Puissant prêt à nous aider dans **toutes** les situations, y compris la maladie. Ce que Jésus faisait partout, guérissant toute maladie et toute infirmité, Il veut le faire encore aujourd'hui à travers son église.

Objectifs: A la fin de la leçon les étudiants devraient:
   a. Identifier la source de la guérison divine
   b. Expliquer les moyens par lesquelles nous sommes guéris
   c. Expliquer la guérison divine comme un acte de miséricorde divine

Introduction
Malgré que nous pensons généralement au plan physique, la guérison divine survient lorsque Dieu restaure miraculeusement notre état pour nous donner la santé. Parfois IL choisit d'utiliser l'intervention humaine comme avec la science médicale. Nous ne pouvons pas comprendre cela mais ne pouvons que le reconnaitre et le remercier pour le miracle de la guérison.

Permettre à deux étudiants de donner un court témoignage sur la manière dont ils ont été récemment guéris par Dieu à un moment donné de leurs vies.

Dieu nous guérit (Actes 3:12-15)
Dans cet acte de guérison, Dieu utilisa ses serviteurs, Pierre et Jean. Cependant, Pierre expliqua clairement aux gens présents que ce n'était par leur propre puissance que l'homme avait été guéri, mais par celle de Dieu. Dieu nous guérit toujours. Le Seigneur lui-même dit qu'il est le Seigneur qui nous guérit (Exode 15:26). Maintes fois, lorsque survient une guérison, nous sommes tentés de voler à Dieu sa gloire pour l'attribuer aux hommes.

1. **Nous sommes guéris par la foi dans le nom de Jésus (Actes 3:16)**
Pour obtenir la guérison dans nos vies, nous devons prier par la foi au nom de Jésus.

   a. La foi, c'est avoir confiance en Dieu, en dépendant entièrement de ses promesses. Pierre crut que Dieu était capable de redonner la santé au boiteux. Il est important de faire confiance à Dieu en tant que celui qui nous guérit quand nous sommes malades, parce qu'il a promis de nous guérir. Nous devons dépendre de ses promesses.

Celui qui prie pour un malade doit avoir confiance en Dieu. Pierre a mis en pratique cette foi. Il a cru que Dieu pouvait apporter la délivrance (Jacques 5 :15) La personne affligée doit aussi avoir la foi. Jésus a loué à plusieurs reprise la foi de la personne malade (Luc 8:40-43)

    b. Nous devons prier pour le malade au nom de Jésus. (vs. 16). Prier au nom de Jésus signifie que notre autorité vient de Jésus Christ et que nous reconnaissons que lui seul a la puissance de guérir. Utiliser le nom de Jésus n'a rien a voir avec la magie, mais il importe de croire que lui seul peut rendre toute chose possible. (Jean 15:16b). Cela implique aussi connaitre sa volonté et la faire .Pierre n'eut pas besoin de parler beaucoup et de répéter le nom de Jésus pour que l'homme soit guéri. Mais, il commanda simplement à l'homme de se tenir debout au nom de Jésus. Peut être s'est-il souvenu des moments ou Jésus donnait des simplement instructions, et les gens étaient guéris et même libérés des esprits mauvais. D'après les paroles de Jésus, il faisait simplement ce qu'il voyait son Père faire (Jean 5 :19).

2. La guérison est un acte de miséricorde divine

Donc, même si nous prions par la foi en son nom, nous devons toujours garder à l'esprit que la guérison a lieu par la miséricorde divine et ne peut jamais être un droit. Dieu choisit d'accomplir sa volonté parfaite dans la vie de la personne malade. Nos prières ne peuvent en rien fléchir la main de Dieu. Etant un Dieu souverain, il fait ce qu'il veut et ce qui est le mieux pour nous. Dieu décide de guérir ou de ne pas le faire. (Phil 2:25-27).Notre rôle consiste à nous humilier dans la prière.

Dieu guérit les maladies, pas seulement pour qu'ils recouvrent la santé, mais pour un but. Dans le cas du paralytique, une occasion de prêcher la bonne nouvelle fut offerte à Pierre et à Jean (Actes 4:4).

Questions de discussion

1. Comment peut-on expliquer des situations où des saints ont été affligés par la maladie, mais Dieu avait choisi de ne pas les guérir ?

2. Est-ce un signe de foi ou de manque de foi, lorsque des croyants malades recherchent une assistance médicale?

Conclusion

Dieu est la source de toute aide y compris de nos problèmes de santé. Il se préoccupe personnellement de notre bien- être physique et spirituelle. Nous devons lui faire confiance dans l'affliction et le remercier pour ses actes de miséricorde.

Leçon 27: LES SIGNES DU RETOUR DE CHRIST

Passages bibliques Matthieu 24:1-44

Verset à mémoriser: Mathieu 24:36

« Pour ce qui est du jour ou de l'heure, personne ne le sait, ni les anges des cieux, ni le Fils, mais le Père seul. »

Explication du verset :
La Bible révèle la vérité divine selon laquelle Jésus Christ reviendra. Mais quand, personne ne le sait. Si nous le savions alors, nous ne vivrions plus par la foi. Je crois qu'une des raisons pour lesquelles le jour de son retour est caché est, pour que notre marche soit caractérisée par la foi et l'obéissance. Ceci aide à démontrer si notre amour pour Dieu est authentique.

Objectifs: A la fin de la leçon, les étudiants devraient être capable d'(e):
    a. Citer certains signes du retour de Christ
    b. Identifier le rôle du croyant qui se prépare à son retour.

Introduction

A travers les siècles, la doctrine du retour de Christ a créé des divisions parmi les chrétiens. Ceci, parce que lorsque Jésus eut parlé pour la première fois de Son Retour, il sembla que cela allait survenir durant la vie terrestre des disciples. Et puisque ce n'est pas arrivé à cette époque là, chaque génération essaie de le situer pendant sa vie. Certains se sont éloignés de la vérité jusqu'à essayer même de fixer une date. Quand la guerre a éclaté entre l'Irak et les Etats Unis et leurs alliés en 1991, il fut prédit que Christ était sur le point de venir, mais tel ne fut pas le cas.

1. Le fait de son retour (Matthieu 24:3, 26-27)

Ce texte confirme que Jésus reviendra. En tant que chrétiens, nous sommes informés que Jésus reviendra, de la même manière qu'il est parti (Actes 1:8). Nous apprenons aussi que notre Seigneur est vivant et qu'il y'a une espérance glorieuse pour les croyants. On l'a vu partir et lorsqu'il reviendra nous le verrons aussi. Tandis que les disciples ressentaient de la déception de voir Christ partir, ce sera merveilleux de le voir revenir pour prendre son Eglise. Son retour ne sera pas un secret, mais tout le monde le verra comme l'éclair.

2. Les signes de sa venue (Matthieu 24:1-29)

Il y a des événements qui surviendront pour servir d'indicateur que Christ est sur le point de venir. Les disciples étaient intéressés par les signes de la même manière que nous autres aujourd'hui (vs. 3). Une autre raison qui justifie l'agitation de l'église, et qu'elle ait essayé de prédire Son retour, est que certains signes sont déjà survenus, d'autres sont en train de se répéter à des degrés divers dans chaque génération. Certains de ces signes sont faciles à comprendre, tandis que d'autres sont obscures dans (les versets 15-16).

Ainsi, nous trouvons des moqueurs dans chaque génération qui remettent en question la véracité de la venue de Jésus comme il l'avait promis. . Cependant, la chose la plus importante n'est pas de nous pencher sur les signes, mais notre devoir consiste à « nous tenir prêts parce que le Fils de l'Homme viendra à l'heure où vous n'y penserez pas » (vs. 44).

3. Que devons-nous faire en tant que croyants ?

Comme indiqué ci-dessus, certains signes sont survenus depuis 2000 ans, mais jusqu'à présent Christ n'est pas venu. Cela interpelle les chrétiens à prendre très au sérieux les avertissements. Il y a des responsabilités qui nous incombent pendant que nous attendons sa venue. Nous devons :

a. Prendre garde, (vs. 4) afin de ne pas être trompés. Nous devons rester centrés sur la vérité sans nous laisser induire en erreur par les faux christs.

b. Persévérer jusqu'à la fin (vs. 13). Vers le terme de Sa venue, certains seront tentés d'abandonner la foi pour plusieurs raisons, mais nous sommes encouragés à persévérer.

c. Prêcher la bonne nouvelle (vs. 14). Nous sommes appelés à répandre la bonne nouvelle, afin que plusieurs soient sauvés. Cette responsabilité est à prendre très au sérieux.

d. Nous tenir prêts chaque jour. (vs. 44) Nous devons être toujours prêts en menant une vie sainte car nous ne savons pas le jour et il reviendra quand nous n'y penserons pas.

Questions à discuter

1. Quels engagements pratiques les croyants peuvent-ils prendre, afin de mettre en
pratique quotidiennement chaque avertissement ci-dessus?

Conclusion

L'essentiel pour les croyants est de se tenir prêts pour le retour de Jésus au lieu de se focaliser complètement sur les temps et les signes, car cela peut être le piège du diable pour nous distraire de la vérité et nous empêcher de nous tenir prêts pour ce jour. Tandis qu'il est important d'être averti et de prendre en compte les temps et les signes, nous devons éviter d'être obnubilés par sa poursuite.

Faites faire la lecture des passages suivants pour préparer la leçon de la semaine prochaine: Matthieu 24: 29-44; 1 Corinthiens 15:35-56; 1 Thessaloniciens 4:13-18; 2 Pierre 3

Leçon 28: LA SECONDE VENUE DE CHRIST

Passages bibliques: Matthieu 24: 29-44; 1 Corinthiens 15:35-56; 1 Théssaloncienss 4:13-18; 2 Pierre 3

Verset à memoriser: 1 Thessaloniciens 4:16-17
« Car, le Seigneur Lui-même, à un signal donné, à la voix d'un archange, et au son de la trompette de Dieu, descendra du ciel, et les morts en Christ ressusciteront premièrement. Ensuite nous les vivants qui serons restés, nous serons tous enlevés avec eux sur les nuées, à la rencontre du Seigneur dans les airs, et ainsi nous serons toujours avec le Seigneur. »

Explication du Verset

Nous sommes toujours déçus quand les gens ne tiennent pas leurs promesses. Nous perdons confiance en eux parce que nous nous sentons trahis. Cependant, les promesses de Dieu sont toujours vraies. Quand Jésus fut sur le point de retourner au Ciel, il promit qu'il reviendrait. Oui, un jour, il reviendra avec signal retentissant, à la voix d'un archange, et à l'appel de la trompette de Dieu. Quel spectacle ce sera et cependant, il n'aura pas de spectateur car tous participeront chacun selon sa destinée !

Objectifs: A la fin de la leçon les étudiants devraient être capables d':
  a. Expliquer ce qui se passera au retour de Jésus Christ
  b. Etre impatient de voir ce jour arriver

Introduction

Comme tout événement, après beaucoup de préparation, de patience et de persévérance de la part de l'église, le retour de Christ s'accomplira. O quel jour ce sera ! … Ce sera un jour glorieux.

1. **L'avénement de son retour**
    a. N'est pas connu **(Mathieu 24:36, 44)** – Personne ne connait le jour sauf le Père. même le Fils ne le connait pas. Par conséquent, toute tentative pour donner une date est futile.

    b. Sera inattendu **(Matthieu 24:36-50; 1 Thessalonicienss 5:2-3; 2 Pierre 3:10)** – les gens détendront et la vie se déroulera comme d'habitude. Ils diront « paix » mangeant, buvant, se mariant et se donnant en mariage » et occupé seront-ils à leurs activités quotidiennes dans les champs ,au moulin mais….et alors….il viendra.

    c. Sera soudain **(Matthieu 24:27; 1 Corinthiens 15:52a; 1 Thessalonicienss 5:2-3; 2 Pierre 3:10)** – Sa soudaineté est comparée à l'éclair, à un clin d'œil et à la venue du voleur. En fait, lorsqu'il viendra, on n'aura pas le temps de dire « voici le Christ », ou « voici le Christ »car il viendra tout simplement.

2. **Qu'est ce qui se passera lors du retour**
   a. La Bible révèle certaines merveilles qui arriveront quand Christ reviendra. Le Seigneur lui-même, à un signal donné, à la voix d'un archange, et au son de la trompette de Dieu, descendra du ciel » **(Mt. 24:30; 1 Corinthiens 15:52; 1Thessaloniciens 4:16; 2 Pierre 3:10)** – personne ne manquera cet événement.

   b. Les morts en Christ ressusciteront en premier **(1Thessaloniciens 4:16)**. Ce sera un miracle de voir les esprits et les corps des saints réunies de nouveau. Les corps ressusciteront des tombeaux. Les croyants ne meurent pas mais dorment dans l'attente de Christ.

   c. Les corps ressusités ne mourront pas une seconde fois. Les nouveaux corps ne seront pas de chair et de sang. **(1Corinthiens 15:35-57)**. Aussi, « la mort sera engloutie dans la victoire » et sera finalement vaincue.

   d. Pour ceux qui seront en vie à son retour, ils seront miraculeusement changés « en un clin d'œil » **(1 Corinthiens 15:51-52)** puis, enlevés avec les saints ressuscités à la rencontre du seigneur dans les airs, ils « seront toujours avec le Seigneur » **(1Thessaloniciens 4:16)** car il rassemblera ses élus **(Matthieu 24:31)**. Quelle gloire! – En vérité, ce sera une expérience qui dépasse l'entendement humain !

En tant que peuple ayant reçu l'espérance, nous devons nous encourager avec la vérité que les morts en Christ ressusciteront **(1 Corinthiens 15; 1Thesssaloniciens 4:18)**. Nous devons faire face à la vie et à la mort avec espérance impatients de voir ce jour arriver. Nous devons continuer de vivre dans la sainteté. **(1 Thessaloniciens 5:1-11; 2 Pierre 3:14-18)**.

Questions à discuter:
   a. Sera t-il possible de nous connaitre l'un et l'autre à la résurrection? Expliquez.

   b. Pensez-vous qu'il y'aura des surprises lors de son Retour ? Expliquez.

Conclusion

Jésus Christ revient pour prendre sa Sainte Eglise et nous sommes appelés par conséquent à vivre dans la sainteté. Jésus Christ ne prendra avec lui que ceux qui sont prêts. Es-tu prêt? Seras-tu prêt lorsqu'il reviendra?

Leçon 29: LE JOUR DU JUGEMENT

Passages bibliques: Apocalypse 20:11-15

Verset à memoriser: Apocalypse 20:12, 15

« Et je vis les morts, les grands et les petits, qui se tenaient devant le trône. Des livres furent ouverts. Et un autre livre fut ouvert, celui qui est le livre de vie. Et les morts furent jugés selon leurs œuvres, d'après ce qui était écrit dans ces livres... quiconque ne fut pas trouvé écrit dans le livre de vie fut jeté dans l'étang de feu.

Explication du verset

Dans notre vie quotidienne nous pensons rarement qu'un jour, nous nous tiendrons devant Dieu pour rendre compte de nos actions, de nos attitudes et de nos paroles. Cela ressemble à une idée saugrenue. Même si nous y pensons, nous assumons que d'ici là, Dieu aura pardonné nos actions. Cependant, il est important de considérer la parole de Dieu sérieusement car le Jour du Jugement vient et personne n'y échappera.

Objectifs: A la fin de la leçon les étudiants devraient être capables d':
 a. Expliquer le jugement en relation avec les croyants
 b. Expliquer le jugement en relation avec les pécheurs

Introduction

Un grand prédicateur a dit : « Le temps ne sera plus quand le jugement viendra et quand il ne sera plus, le changement sera impossible. Une fois perdu, perdu pour toujours...perdu pour toujours. ». Discutez brièvement de cette citation avec la classe.

1. Qu'est ce que le jugement ? (Apocalypse 20:12b)

Le jugement est la décision prise par quelqu'un à l'endroit de l'acte d'une autre personne et qui a pour résultante une récompense, s'il s'agit de bonnes actions, ou une punition s'il s'agit de mauvaises actions. Le jugement dernier, c'est quand Dieu séparera les justes des méchants pour toujours. Dieu est un juste Juge et sa justice ne peut tolérer le favoritisme. Le jugement des pécheurs et des saints sera différent.

2. Le jugement des saints

 a. A travers la foi en Christ, les croyants se sont déjà éloignés de la colère de Dieu pour accéder à la vie éternelle **(Jean 3:17-18)**.
 b. Au moment ou nous croyons en Jésus, nos péchés sont pardonnés et nous commençons à expérimenter la vie éternelle. Nous ne sommes plus sous la condamnation. Nos noms sont automatiquement inscrits dans le Livre de vie (Apocalypse 20:15). Quel merveilleux privilège pour les enfants de Dieu!

c. En tant que croyants, nous sommes déjà éloignés de la colère de Dieu, cela signifie qu'au jour du jugement, nous recevrons des récompenses de la part de Dieu. La qualité de notre travail sera mise à l'épreuve. **(1Corinthiens 3:12-15)**. Nous apprenons même que certains iront au ciel sans aucune récompense ni couronne. (2 Timothée 4:8).

3. Le jugement des pécheurs (Apocalypse 20:13-15)

Les pécheurs sont déjà sous la condamnation (Jean 3:18) et ce jour là Dieu va formellement les amener à l'endroit à laquelle ils appartiennent c'est-à-dire l'étang de feu. Ils y passeront l'éternité. Les pécheurs ressuscités seront finalement condamnés ce jour là, car ils ont refusé de croire en Jésus Christ durant leur vie terrestre.

4. La base de notre jugement (Apocalypse 20:12, 15)

Dieu est le plus juste juge et son jugement n'est jamais partial lorsqu'il juge l'œuvre de chacun.

a. La justice fait partie de la nature de Dieu (Ap 19:1-2a).

b. Toutes nos actions sont écrits dans les livres (vs. 12b), et ces livres seront utilisés en notre faveur ou en notre défaveur.

c. Même nos paroles nous justifieront ou nous condamneront (Mt 12:36-37)

d. Nous serons jugés sur la base de ce que nous avons fait et non de ce que les autres nous ont fait. (vs. 12b) peu importe jusqu'où va leur méchanceté. Notre responsabilité chrétienne est engagée quand les gens nous font du mal. (Romans 12:21).

e. Les actions commises de même que celles que nous ignorons délibérément seront en notre faveur ou défaveur. Rappelons-nous que si nous connaissons le bien et refusons de le faire, nous péchons. (Jacques 4:17).

Questions à discuter:
a. Le jugement dans les tribunaux du monde est basé sur le fait d'être découvert et le témoignage des autres. En quoi diffère-t-il du jugement de Dieu ?
b. Que savons-nous du jugement de Dieu en nous référant à « Et je vis les morts, grands et petits, debout devant le trône … » (vs. 12b)

Conclusion

Le seul moment dont nous disposons pour mettre les choses en ordre en faisant confiance à Jésus et en vivant une vie sainte, c'est maintenant. Quand viendra le jour du jugement, il sera trop tard. Dieu est le plus juste Juge de tous les temps.

Leçon 30: NOTRE DESTINÉE FINALE

Passages bibliques: Apocalypse 21:1-8, 22-27

Verset à mémoriser : Apocalypse 21:27
« Il n'entrera chez elle rien de souillé, ni personne qui se livre à 'abomination et au mensonge; il n'entrera que ceux qui sont écrits dans le livre de vie. »

Explication du verset
Les qualifications sont importantes dans le monde d'aujourd'hui si on veut entrer au collège ou chercher un emploi. Cependant, on peut se passer des qualifications dans certains cas. Il n'en est pas ainsi avec Dieu. Pour être qualifié pour le ciel, il faut avoir les vrais qualifications – le salut et la sainteté. C'est maintenant que nous devons avoir les qualifications.

Objectifs: A la fin de la leçon les étudiants devraient être capables de :
a. Définir l'éternité
b. Dire la différence entre le ciel et l'enfer
c. Expliquer le besoin de repentance

Introduction
Discuter l'affirmation suivante avec la classe : « Tous les hommes veulent se réjouir au ciel après leur mort, mais il ne veulent pas se préoccuper du ciel pendant leur vie terrestre. Les vrais croyants valorisent le ciel plus que tout autre chose et sont toujours prêts à renoncer au monde. »

1. Qu'est-ce que l'Eternité?

L'éternité est définie comme l'existence qui n'est limitée ni par le temps, ni par l'espace .Elle renvoie aussi au « siècle à venir » après la résurrection. Toute l'humanité, les saints tout comme les pécheurs sont destinés à l'éternité mais dans des endroits différents.

Cela peut être difficile à comprendre en tenant en considération le fait que nous avons l'habitude des dates et du temps. La vérité biblique est que dans l'âge qui vient le temps ne sera plus.

2. L'éternité pour les croyants (Apocalypse 21:1)
Les croyants passeront l'éternité dans le « nouveau ciel » qui est différent du ciel actuel. Ceci signifie certaines expériences pour les saints :

a. Vivre pour toujours dans la présence de Dieu (vs. 3). Ce sera un temps merveilleux ! incomparable ! Nul besoin de lumière là bas. (vs. 23).

b. Le réconfort et la consolation par rapport aux soucis, au travail et à la souffrance du monde (vs. 4). Les saints seront dans une joie continuelle pour toujours. Quelle joie glorieuse à rechercher au lieu des joies éphémères que le monde offre.

c. Le ciel est un endroit d'une grande beauté (vs. 11, 18, 21). Si quelqu'un est trouvé en possession d'une pièce d'or dans ce monde, cela peut signifier qu'il peut risquer de séjourner en prison, mais au ciel c'est différent.

d. Dieu est saint et il habite dans un ciel saint préparé pour un peuple saint (vs. 27). Notre appel nazaréen à la sainteté ne peut pas être minimisé, si nous voulons passer l'éternité au ciel.

3. L'éternité pour les pécheurs (Apocalypse 21:8)

a. Les pécheurs passeront l'éternité en enfer ou étang de feu. Dieu n'a jamais voulu que l'homme aille en enfer, ceci était destiné au diable et à ses anges. (Mt. 25:41). Les gens choisissent d'y aller.

b. L'enfer est un endroit d'éternelle souffrance. (vs. 8). C'est pour être punis que les pécheurs y vont. (Mt. 25:46). Personne ne veut aller là-bas sauf les pécheurs. La Bible dit que les pécheurs sont réellement « jetés dans l'étang de feu » (Ap 20:15). C'est un endroit où il n'y a ni dignité ni honneur. Le feu n'est jamais éteint et là bas, on est perdu pour toujours.

4. L'importance de la repentance (John 3:16)

Dieu, à cause de son amour, nous avertit et nous accorde la meilleure option qui est de croire en Jésus Christ, afin que nous ayons la vie éternelle au lieu de périr. Périr veut dire mourir sans espoir. La bonne nouvelle est qu'au moment où nous croyons en Jésus-Christ, nous commençons à jouir de la vie éternelle.

Nous pouvons faire le choix seulement ici et aujourd'hui si nous voulons éviter à l'enfer et jouir de la gloire du ciel. Si nous ne nous repentons pas maintenant, nous serons perdus pour toujours. Nous avons un choix personnel à faire, soit passer l'éternité au ciel ou en enfer.

Questions à discuter:

1. Selon vous, quelles surprises trouverons-nous au ciel ou en enfer ?

2. Vous êtes-vous jamais imaginé au ciel triste parce que votre famille vous manque ? Quelle est la responsabilité que vous devez assumer envers eux, afin de vous assurer que vous serez tous réunis au ciel ?

Conclusion

Mettez l'accent sur le besoin de passer l'éternité dans la présence de Dieu et d'encourager les étudiants à partager Christ avec leur parents et amis perdus.

Leçon 31: LES CHRETIENS ET LES DIVERTISSEMENTS

Références bibliques: 1 Corinthiens 10:31-3; Ephésiens 4:17-24

Verset à mémoriser: 1 Corinthiens 10:31
« Soit que vous mangiez, soit que vous buviez soit que vous fassiez quelque autre chose, faites tout pour la gloire de Dieu. ».

Explication du verset:
Chaque chrétien doit permettre à Dieu de s'impliquer dans chaque domaine de sa vie y compris les affaires, l'école et les divertissements entre autres. Tout ce que nous faisons doit apporter la gloire à Dieu et si ce n'est pas le cas, il y a un problème. La manière dont nous passons notre temps de loisir est également importante pour Dieu et doit louer le Seigneur.

Objectifs: A la fin de la leçon les étudiants devraient être capables de :
   a. Citer les instructions chrétiennes concernant les divertissements
   b. Identifier les étapes à considérer concernant les divertissements.
   c. Expliquer les effets des divertissements sans Dieu.

Introduction
Permettre aux étudiants de dire comment ils passent leur temps de loisir en incluant la musique moderne et traditionnelle, la danse, les jeux etc. Expliquez chaque élément de façon sommaire.

1. **Les instructions chrétiennes en matière de divertissements.**
   a. **L'intendance chrétienne (Romains 14:12)**
      Dieu a confié aux croyants beaucoup de ressources y compris les temps de loisir. Dans la détente et l'amusement, nous devons garder à l'esprit que nous rendons toujours compte à Dieu de nos agissements. Tout appartient à Dieu.

   b. **Nous devons être saints en toutes choses (Ephésiens 4:22-24)**
      Le christianisme est un mode de vie devant Dieu. Nous devons être saints en tout (1Pierre 1:15) y compris dans la manière de nous divertir. Nous devons rechercher des distractions qui nous encouragent à vivre dans la sainteté. La manière de nous détendre ne doit pas violer la Parole de Dieu. nous devons éviter des choses comme les programmes de télévision et les livres qui mettent en danger nos valeurs et notre morale chrétiennes.

   c. Nous devons nous opposer à toute forme de mal.
      Les chrétiens doivent dénoncer toute pratique qui met en danger les valeurs chrétiennes. Nous devons dénoncer toute distraction qui encourage la violence et l'immoralité y compris la littérature (médias) qui rend le péché attrayant.

2. Ce que les croyants doivent faire
Les chrétiens doivent poursuivre la sainteté malgré que nous vivions dans un monde corrompu. Par conséquent nous devons:
   a. Prier pour le discernement
      Nous devons rechercher dans la prière, une direction spirituelle pour nous permettre de choisir entre ce qui est vrai et ce qui est faux, ce qui est bon et ce qui est mauvais. Dans certains cas, il y a un fil ténu entre la lumière et les ténèbres. Ainsi, nous devons permettre à Dieu de parler pendant que nous parlons avec lui de ces choses.

   b. Obéir au Saint-Esprit
      Les croyants doivent obéir à la direction du Saint-Esprit pendant qu'il parle à notre conscience en faveur de notre vie spirituelle. Que nous soyons seul ou en groupe, il ne nous conduira jamais dans des voies contraires à Dieu ou à sa parole. Tout loisir qui affaiblit notre conscience doit être évité.

   c. Se tenir à distance de tout loisir où Dieu n'est pas présent **(Ephésiens 4:22, Psaumes 1:1)** Des étapes pratiques, comme de se tenir éloigné des pratiques païennes sont très importantes. Par exemple, on peut choisir d'éviter un livre, un magazine, un show télévisé, une musique, etc. qui encourage le péché.

3. Dangers des divertissements impures.
   a. Notre conscience affaiblie forme un caractère instable qui ne sera pas un bon témoignage de la grâce de Dieu. **(Ephésiens 4:17-18)**

   b. Nous offensons le témoignage de l'église **(1 Corinthiens 10:33)**
      Il est toujours bon de penser aux autres, afin que plus d'âmes soient sauvés quand nous menons des vies justes. L'église peut être inefficace dans son témoignage à cause des croyants qui s'adonnent à des divertissements impurs.

Questions à discuter
1. En tant que parents comment pouvons-nous guider nos enfants à choisir les bons divertissements?

2. Identifiez certaines bonnes manières d'utiliser nos temps de divertissements et discutez-en.

3. Que peut-on faire pour s'entraider et que chacun s'engage dans des divertissements sains?

Conclusion
Résumer la leçon avec la citation de John Wesley : « Tout ce qui affaiblit votre raison, renforce la tendresse de la raison, obscurcit votre sens de Dieu ou éloigne l'attrait des choses spirituelles, tout ce qui augmente l'autorité du corps au détriment de l'esprit, cette chose est pour vous péché ».

Leçon 32: LES PRATIQUES MONDAINES A EVITER

Passages bibliques: Galates 5:19-21

Verset à mémoriser: 1 Pierre 1:15
« *Mais puisque celui qui vous a appelés est saint, vous aussi soyez saints dans toute votre conduite.* »

Explication du verset:
Les chrétiens sont appelés à être saints en tout y compris dans la manière d'utiliser les ressources que Dieu nous a données tels que l'argent et le temps. La sainteté est un mode de vie. Les croyants doivent vivre une vie différente de celle du passé.

Objectifs: : A la fin de la leçon les étudiants devraient être capable d':
  a. Expliquer les dangers des liqueurs, du pari et de la pornographie
  b. Identifier la position chrétienne par rapport à ceux-ci.
  c. Identifier les problèmes causés par ces pratiques.

Introduction
Demander aux étudiants d'identifier et de citer comment les liqueurs aliénantes, le jeu de pari et la pornographie détruisent notre société.

1. Les liqueurs aliénantes sont à éviter (Osée 4:10-11; Galates 5:19-21)
Les gens prennent de la bière, d'autres choses aliénantes et des drogues illicites pour diverses raisons mais tout ceci ne sont que des mensonges du diable. Discuter certaines de ces raisons avec la classe. L'ivresse conduit au manque de compréhension et de sagesse. Rien de bon n'en résulte sinon la misère humaine et la souffrance des individus, des familles et de la société. Ces substances causent et augmentent les problèmes sociaux telles que les familles brisées, les difficultés financières, le chômage, la propagation des maladies telles le VIH /SIDA. Par conséquent, les chrétiens doivent à tout prix éviter toute forme d'aliénation par les liqueurs et les choses similaires y compris leur publicité (Habacuc 2:15).

2. La loterie (1 Timothée 6:6-19)
La loterie peut être définie comme risquer de l'argent ou une chose précieuse sur quelque chose impliquant la chance ou toute autre issue incertaine. elle se présente sous différentes formes dépendant de l'environnement culturel. S'enrichir n'est pas un péché mais les moyens par lesquelles nous nous enrichissons doivent être approuvés de Dieu. La loterie est un raccourci que le démon a mis devant nous pour s'enrichir. De plus, lorsque nous pensons à ceux qui en profitent, nous nous rendrons compte que dans certains cas, la loterie détrousse la plupart du temps les pauvres pour remplir les coffres des riches. La richesse doit provenir du travail (1 Thessaloniciens 3:10).

  a. Demander aux étudiants de citer les différentes formes de loterie qu'ils connaissent et discuter des problèmes qui en résultent. Certains de ces problèmes incluent la faillite financière, la misère, le regret et le suicide.

b. En tant que chrétiens, nous devons travailler honnêtement pour vivre. Les moyens sont importants devant Dieu. la sainteté est une nécessité dans toutes les situations.

3. La pornographie (Galates 5:19-21)

Quand la Bible dit : « ... et ce qui leur ressemble » (vs. 21), elle implique tous les péchés comme le résultat de la nature charnelle. Ceci inclut la pornographie. A travers la pornographie, la dignité du corps humain se dégrade et est commercialisée. Cette pratique parait sous la forme de la nudité, ou des photos de personnages à moitié habillés qui cherchent à promouvoir l'immoralité sexuelle. Nous le voyons dans les magazines, à la télévision, sur internet et dans les autres medias. La pornographie a causé les problèmes suivants :

   a. Un esprit corrompu qui pousse l'homme à pécher

   b. Le mariage a été miné par cette pratique et pourtant Dieu a limité le sexe seulement dans le cadre du mariage. Toute autre chose est mauvais pour nous.

   c. La modestie et le respect disparaissent pour laisser la place à une génération corrompue. L'avenir de nos enfants est corrompu sur le plan moral.

Il faut éviter la pornographie à tout prix et en tant que chrétiens, nous devons la dénoncer, afin d'avoir une société moralement juste.

Questions à discuter:

1. Quel devrait être le rôle de l'église afin de s'opposer à ces vices et les vaincre?

2. Comment l'église doit-elle travailler avec les parents, afin de protéger nos enfants contre ces vices?

3. Quelle aide scripturaire donneriez-vous à un nouveau converti qui a l'habitude de survivre par les jeux de hasard et la vente de liqueurs aliénantes ?

Conclusion

La Bible dispose de l'autorité finale sur nous autres enfants de Dieu. ainsi nous ne devons aucunement nous adonner à ces vices. Tous ceux qui se livrent à de telles pratiques (Galates 5:21) n'hériteront pas le Royaume de Dieu. Dieu a parlé dans Sa parole et elle tiendra. Nous devons abandonner le péché et vivre pour plaire à Dieu.

Leçon 33: LA VIE HUMAINE EST PRECIEUSE

Passages bibliques: Exode 20:13; 21:12-16

Verset à mémoriser: 1 Jean 3:15
« Quiconque hait son frère est un meurtrier, et vous savez qu'aucun meurtrier n'a la vie éternelle demeurant en lui. »

La Bible condamne toute forme de crime et le Nouveau Testament clarifie plus loin ce qu'est le crime. Haïr une autre personne est assimilée à un crime. Ceci est un grand défi pour nous vu que plusieurs d'entre nous sont réprouvés. Le crime ne se limite pas seulement dans le fait de tuer, mais implique aussi la disposition du cœur.

Objectifs: A la fin de la leçon les étudiants devraient être capables d':
   a. Exprimer l'origine de la vie humaine
   b. Identifier les moyens par lesquelles on peut mettre fin à la vie humaine
   c. Expliquer l'importance de l'amour envers les autres.

Introduction
Un jour nous roulions en voiture dans une grande ville d'Afrique, lorsque mes yeux tombèrent sur un signal écrit en gros caractères : « Ici, on **pratique l'avortement**. » Tuer dans le monde moderne ne se limite pas seulement à utiliser des fusils et des épées mais prend d'autres formes. A cause du mal qui existe, la vie humaine est inutilement détruite à chaque heure.

1. Dieu a créé toute vie (Psaume 24:1)
Dieu a créé toute vie y compris les êtres humains. La vie humaine est précieuse et ce n'est pas pour rien que toutes les cultures du monde respectent la mort et lui accordent toute la dignité que requiert la vie. La valeur de l'homme provient du fait que l'homme a été crée à l'image de Dieu (Gn 1:27). L'image de Dieu reflétée en l'homme rend la vie précieuse ; elle ne doit pas être détruite

2. Vivre comme des intendants (Exode 21:12-16)
La loi de Moise enseigne que nous devons traiter la vie humaine comme un don de Dieu et que nous devons faire tout notre possible pour la valoriser et la préserver. Dieu nous a gratifiés de beaucoup de choses y compris la vie et en tant qu'intendants nous devons traiter notre propre vies et celle des autres avec dignité. Nous sommes redevables à Dieu de notre manière de traiter la vie humaine.

3. Les formes de crime (Exode 20:13)
Ceci ressemble à un très court commandement mais chaque jour dans le monde il est violé. Le crime ou mort physique se présente sous plusieurs façons y compris:
- le vrai meurtre d'une autre personne par une arme.
- Le suicide
- L'avortement
- Le manque de soins qui conduit à la mort d'une autre personne.

Le fait de prendre la vie humaine provient de l'égoïsme et la plupart du temps c'est un crime prémédité (Exode 21:14). Nous préméditons même de haïr une autre personne. Quelles sont-les raisons éventuelles qui poussent les gens à commettre un suicide ou un avortement.

4. La voie de l'amour (1 Jean 3:11-15)

Nous sommes appelés à exercer la loi de l'amour. L'amour envers soi-même et à l'égard des autres nous aident à bâtir un monde de paix. On nous a rendus capables de rechercher la dignité de la vie humaine et de tout faire pour préserver la vie. De diverses manières, ceci est comme prendre soin des personnes vulnérables et des malades, aimer et prendre soins de ceux qui vont naitre, et sans chercher à nous venger de ceux qui ont péché contre nous.

Questions à discuter:

1. Quelle est la réponse biblique concernant l'avortement ? Citer certaines conséquences de l'avortement.

2. Imagine que tu es sérieusement malade et que tu es placé sous respiration artificielle à l'aide d'une machine. Ta parenté et ton docteur devraient –ils débrancher la machine afin d'écourter ta mort?

3. Comment l'église peut-elle aider à promouvoir la valeur et la préservation de la vie humaine?

Conclusion

Toute vie, spécialement la vie humaine en particulier est précieuse devant Dieu et doit être traitée avec toute la dignité qu'elle mérite. Nous devons nous considérer comme des intendants, nous aimer nous –mêmes et aimer aussi les autres et chercher toujours à promouvoir la valeur et la préservation de la vie. Rappelons-nous que celui qui hait son frère est un meurtrier.

Leçon 34: LA SEXUALITE HUMAINE

Passages bibliques: Genèse 2:21-24; 19:1-25; Lévitique 18:22; 20:13; I Corinthiens 6:9-11

Verset à mémoriser: I Corinthiens 6:9-10
« Ne savez- vous pas que les injustes n'hériteront pas le royaume de Dieu? Ne vous y trompez pas :ni les impudiques, ni les idolatres,ni les adultères, ni les efféminés, ni les infames,niles voleurs, ni les cupide ,ni les ivrognes, ni les outrageux, ni les ravisseurs, n'hériteront le royaume de Dieu. »

Explication du verset:
Ce qui n'est pas acceptable pour Dieu relève du péché. Les versets nous dissent que nous devons maintenir la norme de vie de Dieu dans chaque aspect de notre comportement tant que nous sommes dans ce monde mauvais, afin d'être accepté dans le Royaume de Dieu.

Objectifs: A la fin de la leçon les étudiants devraient être capable de:
  a. Comprendre que la sexualité humaine doit s'exercer seulement entre le mari et la femme.
  b. Comprendre que la sexualité humaine doit s'exprimer par amour comme étant le sceau d'une alliance entre le mari et sa femme.
  c. Savoir que l'homosexualité dans toutes ses formes est une perversion de la sexualité humaine et que c'est un péché devant Dieu.

Introduction:
Nous vivons à une époque où la sexualité humaine est pervertie de diverses manières. Les gens sont méprisés parce qu'ils sont vierges. D'autres personnes se vantent d'avoir plusieurs partenaires sexuels. Des hommes et des femmes mariés sont méprisés parce qu'ils restent fidèles dans leur mariage. L'homosexualité est en train d'être légalisé dans beaucoup de pays. La question mérite d'être posée : Que diable est-il arrivé à la sexualité humaine ? Les êtres humains vont-ils vivre leur vie comme s'ils n'avaient pas de conscience? Qu'est ce que Dieu attend de ceux qui sont en communion avec Lui ? Que dit la Bible?

La sexualité humaine doit exister dans le cadre de la relation mari et femme:
En Genèse 2:21-24 Dieu rend solennel le premier mariage entre Adam et Eve ; c'est à dire entre un homme et une femme. Il a déclaré que l'homme quittera ses parents et s'unirait à sa femme, et que les deux deviendraient une seule chair. Notons cela dans ce texte :
  a. Le mariage rendu solennel entre un homme et une femme

  b. L'homme devait s'unir à sa femme

  c. Un homme et une femme qui sont mari et femme doivent former une seule chair

  d. Selon Genèse 1:28, ils doivent se multiplier.

  e. Il n'existe pas d'autre endroit sur terre où Dieu a rendu solennelle une tout autre relation en dehors de celle entre un mari et sa femme.

Que signifient ces vérités pour nous aujourd'hui ?
  a. La sexualité humaine doit s'exprimer dans le cadre d'une alliance de mariage entre un mari et sa femme seulement. Pourquoi est-ce ainsi ?
   - Le mariage a été officialisé entre un homme et une femme. Cela signifie qu'il y a l'amour ; c'est-à-dire un engagement à prendre soin, entretenir, nourrir l'un l'autre. Il y a un souci pour le bien être mutuel dans le présent et l'avenir. Dans l'Epitre aux Ephésiens on nous dit que l'homme doit aimer sa femme comme il aime son propre corps. Il doit la présenter sans tache si possible. Ceci est possible dans un mariage s'il est clairement compris.

   - L'homme doit s'unir à sa femme. Ce qui limite l'expression de la sexualité entre mari et femme.
   En I Corinthiens 6:9-11 on nous dit que les impudiques, les adultères, les prostitués, les efféminés n'hériteront pas le Royaume des cieux, mais ce sont ceux qui ont une relation avec Dieu. Donc exprimer la sexualité en dehors de la relation du mariage n'est pas autorisé, c'est interdit spécialement pour ceux qui sont dans le Royaume de Dieu.

   - Selon Genèse 1:28, ils doivent se multiplier. Là où existe la multiplication, on prend soin de ce quiest produit. Les enfants doivent être élevés dans un environnement de dévouement pour prendre soin, élever et nourrir l'un l'autre, parce qu'ils en auront besoin eux aussi. l'environnement familial qui les a vus grandir déterminera essentiellement l'avenir de ces enfants. Les enfants ont besoin de leurs deux parents. Ils n'ont pas besoin d'un père ou d'une mère de passage.

  b. L'homosexualité dans toutes ses formes est une perversion de la sexualité humaine En Genèse 19:1- 25 on nous raconte une triste histoire concernant le peuple de Sodome. C'est une ville où chaque personne de sexe masculin, les jeunes comme les adultes, pratiquaient l'homosexualité, v4. A cause de cela Dieu détruisit toute la ville. Lévitique 20:13 dit que l'homosexualité, tout comme l'adultère est passible de mort. I Corinthiens 6:9-11 nous dit que ceux qui pratiquent cette iniquité, y compris l'homosexualité n'hériteront pas le Royaume de Dieu. Ces pratiques ne sont pas acceptées par Dieu. Cependant, la grâce de Dieu est suffisante au point de sauver totalement ceux qui croient. Ceux qui croient en Jésus doivent exprimer leur sexualité uniquement dans le cadre d'une relation de mariage. C'est là où elle se doit d'être exercée. Les croyants en Jésus Christ sont un peuple unique. Ils vivent selon les normes prescrites par Dieu Lui-meme. Les croyants doivent être saints comme Dieu Lui même est saint.

Questions à dicuter:
  a. Où doit s'exprimer la sexualité humaine ? Pourquoi?
  b. Où doivent naitre et grandir les enfants? Pourquoi?
  c. Est-il possible aux homosexuels de concevoir naturellement des enfants ? Discutez.

Conclusion:
La sexualité humaine est un don de Dieu qu'on doit pratiquer dans une relation de mariage. Ce qui signifie qu'elle est destiné à un mari et à une femme. Toute perversion de la sexualité humaine est un péché devant Dieu. les délinquants sexuels n'hériteront pas le Royaume de Dieu. Confions-nous à Dieu complètement, et renonçons à nous -mêmes et apprenons à faire sa volonté.

Leçon 35: MOI ET MES BIENS NOUS APPARTENONS A DIEU

Passages bibliques : Génèse 1:1-31; Psaume 24:1-2; 100:3; I Corinthiens 6:12-20

Verset à mémoriser: Psaume 24:1
« *A l'Eternel la terre et ce qu'elle renferme, le monde et ceux qui l'habitent.* »

Explication du verset:
L'univers est la création de Dieu. Il lui appartient à Lui seul. Nous appartenons à Dieu. Tout ce que nous avons est à Lui. Nous sommes simplement les gérants de sa propriété, et nous lui rendrons compte de notre gestion.

Objectifs: A la fin de la leçon, les étudiants devraient être capables de:
  a. Savoir que toute l'humanité appartient à Dieu
  b. Savoir que tous nos biens sont à Dieu
  c. Réaliser que les êtres humains ne sont que des biens dont Dieu est le propriétaire
  d. Apprécier que nous tous sommes redevables à Dieu

Introduction:
« Les Ecritures enseignent que Dieu est le propriétaire de toute personne et de toute chose. par conséquent Nous, sommes les intendants et de la vie et de ses biens. Le statut de Dieu en tant que propriétaire, et notre statut d'intendants doivent être reconnus, car nous serons tenus pour responsables devant Dieu de la manière établi un système du donner qui reconnait son statut de propriétaire sur toutes les ressources humaines et les relations. A cette fin, tous ses enfants doivent donner la dime fidèlement et présenter des offrandes pour soutenir l'évangile. » Discuter brièvement cette affirmation du *Manuel* avec la classe.

A qui appartient le monde ?
Le monde appartient à Dieu parce que il l'a crée, Gn 1:1-31; Ps 24:1; 100:3.
Y a-t-il une personne parmi vous qui aimerait travailler pour avoir sa propre maison pour ensuite ne plus en vouloir après avoir possédé la maison ? Pourquoi cette personne ferait-elle une chose pareille?

Dieu a créé le monde pour lui-même. Psaume 24:1 dit que le monde lui appartient. Dans un autre passage il est dit qu'il le soutient par son Fils. Quand nous pensons au monde, nous devons y inclure tout l'univers. Aussi vaste soit-il, il appartient à Dieu, son créateur. C'est sa propriété ou possession. Tout ce que l'homme y fait, il doit toujours se rappeler qu'il n'est pas pour lui, mais pour Dieu. Le propriétaire se préoccupe de la manière dont le monde est entretenu.

Les choses qui sont dans le monde de même que celles que nous possédons appartiennent à Dieu. Psaume 24 :1 dit que la terre appartient à Dieu, et tout ce qui s'y trouve. Quand il dit toute chose, ceci signifie tout, sans exception. Ainsi, tout appartient à Dieu. Autrement dit, tout ce que nous revendiquons comme notre bien propre appartient à Dieu, en réalité. Ce qui fait de nous des gérants de la propriété de Dieu. Donc, un manager doit rendre compte de sa gestion du bien d'autrui. Autrement dit, il y a des conditions par lesquelles il gère ce bien. Il ne peut pas tout juste agir à sa guise. Dieu nous a confié le monde. Nous devons en prendre soin comme lui le veut. Quand nous n'en prenons pas soin, il ne peut pas fonctionner comme il était prévu. au lieu dans ce cas de travailler à notre avantage, il pourrait travailler contre nous.

Qu'est-ce qui montre que nous entretenons mal le monde?
   a. L'érosion du sol. Qu'est ce que l'érosion du sol ? Discuter Quand nous laissons la pluie détruire la surface du sol, nous nous retrouvons sans sols à cultiver et donc sans nourriture.

   b. Le réchauffement climatique. C'est un autre problème causé par notre mauvaise gestion du monde. Il y a des inondations, des pluies, des vents inhabituels et un climat imprévisible. Nous déclarons que c'est la nature. La vérité est que ce n'est pas naturel que le climat soit tel qu'il se présente de nos jours.

C'est notre irresponsabilité dans la gestion du monde que Dieu nous a donné pour y vivre qui est la cause de cette catastrophe. A cause de notre mauvaise gestion, il travaille contre nous.

Tous les êtres humains appartiennent à Dieu.
Psaume 24:1 et 100:3 parlent d'une même voix lorsqu'ils disent que tous les êtres humains appartiennent à Dieu. Il nous a créés pour lui-même. Autrement dit, nous avons été crées pour un but. Etant donné que tel est le cas, nous devons savoir pourquoi nous avons été créés. Cela signifie aussi que nous ne pouvons pas vivre comme bon nous semble, sinon comme des créatures agréables à leur créateur ; vivre de façon responsable. Un jour, nous rendrons compte de la manière dont nous avons vécu.

Quand la Bible dit que nous appartenons à Dieu, toute chose appartient à Dieu, elle veut parler de nos talents et de nos dons spirituels. C'est-à-dire que nous devons trouver pourquoi Dieu nous a donné ces dons ! Comment pouvons-nous les utiliser au mieux pour lui faire plaisir? Comment nos dons peuvent-ils lui procurer la gloire qu'il mérite ? Lorsque nous amusons les gens avec ces dons, nous devons aussi penser dans le courant du processus, combien cela lui fait aussi plaisir! Pourquoi disons-nous ces choses? C'est parce que nous sommes sa propriété, tandis que de d'autre part nous sommes Ses intendants ou gérants. nous rendrons compte de la manière dont nous avons vécu et utilisé nos talents et nos dons spirituels.

Toutes ces choses doivent donner à Dieu la gloire parce qu'elles lui appartiennent. Il les a créées pour lui- même.

Questions à discuter:
   a. Discuter sur les moyens de lutter contre l'érosion du sol.

   b. Comment réduire le réchauffement climatique. Discuter.

   c. comment peut-on utiliser nos talents pour donner la gloire à Dieu? Discuter.

Conclusion:
Finir la session en demandant à la classe de prendre le temps de rechercher des moyens par lesquels ils peuvent participer, pour que le monde soit géré de façon responsable.

Leçon 36: EST TU UN VOLEUR ?

Passages bibliques: Malachie 3:6-12; Exode 25:1-9; 35:4-29; Matthieu 25:31-46

Verset à mémoriser: Malachie 3:8-9
« *Un homme trompe-t-il Dieu? Car vous me trompez, et vous dites : en quoi t'avons-nous trompés ? Dans les dimes et les offrandes. Vous êtes frappés par la malédiction, et vous me trompez, la nation entière.* »

Explication du verset:
Donner la dime et les offrandes n'est pas une option, mais c'est un commandement divin. Si quelqu'un manque de s'y conformer, il est aussi mauvais que ceux qui entrent par effraction dans les maisons des gens ou dévalisent les banques. C'est voler Dieu !

Objectifs: A la fin de la leçon les étudiants devraient être capables:
  a. De comprendre que la dime et les offrandes sont des principes enseignés dans l'Ancien Testament.
  b. Comprendre que la dime et les offrandes sont des commandements de Dieu pour son peuple.
  c. Savoir que ne pas donner la dime et les offrandes est un péché, parce que c'est voler Dieu.
  d. Réaliser que notre salut et notre obéissance aux décrets de Dieu vont de paire.

Introduction:
« Les Ecritures enseignent que Dieu est le propriétaire de toute personne et de toute chose. Par conséquent Nous, sommes les intendants et de la vie et de ses biens. Le statut de Dieu en tant que propriétaire, et notre statut d'intendants doivent être reconnus, car nous serons tenus pour responsables devant Dieu de la manière dont nous avons exercé cette intendance. Dieu en tant que Dieu de système et d'ordre dans toutes ses voies, a établi un système du donner qui reconnait son statut de propriétaire sur toutes les ressources humaines et les relations. A cette fin, tous ses enfants doivent donner la dime fidèlement et présenter des offrandes pour soutenir l'évangile. » Discuter brièvement cette affirmation du *Manuel* avec la classe.

Qui est propriétaire de toute chose ?
Dieu est le propriétaire de toute chose . L'univers et tout ce qui s'y trouve Lui appartiennent. Tout être humain Lui appartient. Cela signifie que tous les êtres humains appartiennent à Dieu et à Dieu seul. J'appartiens à Dieu. Nous appartenons tous à Dieu. Nous ne nous appartenons pas. Ainsi, nous ne pouvons pas faire ce que nous voulons avec nous-memes sans enfreindre le plan de Dieu pour nous et sa volonté pour notre vie ! Cela veut dire que nous sommes redevables devant Dieu de ce que nous faisons avec nous-mêmes. Etant donné que tout appartient à Dieu, tout ce que nous avons ou gagnons appartient à Dieu. Si cela appartient à Dieu, nous devons par conséquent Lui rendre compte, même si nous revendiquons en être les propriétaires.

Comment montrons-nous que tout ce que nous avons appartient à Dieu ?
C'est une question très importante. Dieu a pourvu un moyen pour que nous puissions reconnaitre que ce que nous avons Lui appartient. C'est par le moyen de la dime et des offrandes pour Son ministère, voire l'évangile.

Peut-être, vous vous demandez: qu'est ce qui m'arrivera si je ne donne ni la dime, ni les offrandes? Donner la dime et les offrandes est un commandement divin. Désobéir au commandement de Dieu est un péché. En Malachie 3:8-9 Dieu accuse Israël de le voler par les dimes et les offrandes. En réalité il dit qu'ils se sont éloignés de Dieu ! Ne pas donner de dimes et offrandes c'est la même chose que rétrograder devant Dieu. Cela revient à déchoir de la grâce. C'est un péché parce qu'on désobéit à Dieu. Pour que vous et moi nous soyons en bonne relation avec Dieu, nous devons donner la dime et les offrandes.

Qu'est ce que la dîme ?

Donner la dime c'est donner à Dieu dix pour cent de ce que j'ai, que je possède ou que j'ai gagné. Donner la dime c'est reconnaitre que ce que j'ai, ce qui m'appartient ou que j'ai gagné et moi-même compris nous appartenons à Dieu. Ceci est un minimum que Dieu attend de vous et moi. Ne pas le faire c'est au pire du vol ; c'est voler Dieu.

Ce que Dieu attend encore de nous c'est que nous donnions l'offrande. Nous connaissons la phrase « offrande volontaire ». En Exode 25 et 35 Dieu ordonna aux Israélites d'amener des offrandes pour LA CONSTRUCTION du Tabernacle dans le désert. Ici, Dieu spécifia la nature de l'offrande qu'ils devaient apporter . il dit aussi que seuls ceux qui étaient disposés à donner devaient amener l'offrande qu'il désirait. Retenons les faits suivants en relation avec cette offrande.

a. Dieu leur dit qu'ils devaient apporter cette offrande. Ce n'était pas ce que les gens voulaient faire. C'était ce que Dieu voulait qu'ils fassent. Cela veut dire que nous donnons pour obéir au plan de Dieu. Il fut à l'initiative du don.

b. Dieu spécifia la nature de l'offrande qu'il désirait leur voir offrir. Pourquoi? Parce qu'il voulait faire avec celle-ci des choses spécifiques. Ici, nous voyons que nous donnons ce que Dieu veut et non ce que nous voulons. Nous donnons dans un but précis.

c. Dieu leur dit qui devaient donner: ceux qui avaient un cœur disposé. Ceci est une offrande volontaire parce qu'ils étaient disposés à donner ce que Dieu voulait qu'ils donnent. Dieu choisit ce qu'ils doivent donner. Leur cœur désiraient donner selon le cœur de Dieu. ne pas donner d'offrandes consiste à voler Dieu. Pourquoi? Parce qu'on donne de ce qui est à Dieu! Ainsi, les dimes et les offrandes sont tous deux des commandements que Dieu nous donne.

Questions de discussion:

a. Pourquoi devons-nous donner la dime et les offrandes?

b. Qui choisit ce que nous devons donner comme offrandes volontaires ? Pourquoi?

c. Pourquoi appelons-nous l'offrande « offrande volontaire »?

Conclusion:

Nous devons toujours nous rappeler que nous-mêmes et nos biens nous appartenons à Dieu. Nous lui appartenons . en donnant la dime, nous devons toujours reconnaitre que Dieu en est le propriétaire. Nous sommes tenus de donner volontairement, c'est ce que Dieu attend de nous, afin que Son œuvre soit accomplie dans nos communautés et dans le monde.

Leçon 37 : POURQUOI LES SERVITEURS DE L'EGLISE DOIVENT-ILS AVOIR DES QUALIFICATIONS ?

Passages bibliques: Exode 18:13-27; Deutéronome 1:9-18; Actes 6:1-7; Malachie 3:6-9; [*Manuel* (39) de l'Eglise du Nazaréen]

Verset à mémoriser: Actes 6:3-4
« C'est pourquoi Frères, choisissez parmi vous sept hommes, de qui l'on rende un bon témoignage, et qui soient pleins d'Esprit Saint et de sagesse, et que nous chargerons de cet emploi. Et nous, nous continuerons à nous appliquer à la prière et au ministère. »

Explication du verset:
Les serviteurs élus, le pasteur compris, doivent être des gens reconnus par les membres de l'église comme des personnes remplies du Saint-Esprit. Ils doivent être des gens qui cherchent à s'éloigner du mal. Ils doivent être partiaux en tant que représentants de jésus Christ.

Objectifs: A la fin de la leçon les étudiants devraient :
a. Avoir une compréhension des qualités de ceux qui peuvent être des serviteurs dans l'église.
b. Connaitre les personnes qui pourraient être élus comme serviteurs de l'église locale.
c. Avoir le désir d'être de fidèles serviteurs de Jésus Christ qui soient des modèles pour les autres.

Introduction:
« Nous demandons à nos églises locales de n'élire comme ministres de l'église que des membres actifs de l'église locale qui professent l'expérience de l'entière sanctification et dont les vies rendent publiquement témoignage de la grâce de Dieu qui nous a appelés à une vie de sainteté et qui doivent être en accord avec les doctrines, le règlement intérieur et les pratiques de l'Eglise du Nazaréen et qui soutiennent fidèlement l'église locale par leurs dimes et offrandes[1], assistant fidèlement aux réunions de ladite assemblée. » Discuter sommairement de cette affirmation du *Manuel* avec la classe.

Dans notre brève discussion ci-dessus, nous avons vu que notre église s'attend à ce que nous élisions en vue du leadership, des gens qui mènent des vies en accord avec la doctrine, le règlement intérieur et les pratiques de l'église, qui sont fidèles aux cultes de l'église, et avec les dimes et les offrandes. En plus de ces qualifications, considérons ce que la Bible dit concernant les leaders dans l'église.

Les ministres de l'église doivent être reconnus comme des gens qui:

1. Vivent dans la sainteté (Exode 18:21; Actes 6:3; Deutéronome. 1:13, I Timothée 3:9, 10)
L'église primitive exigeait des leaders remplis du Saint-Esprit et de sagesse. C'était la norme de ceux qui sont élus leaders. A-t-on aujourd'hui dans l'église des leaders dont on attend le moins ?
    a. Une personne qui vit dans la sainteté est rempli du Saint-Esprit (Actes 6:3). Quand on parle d'une bouteille remplie d'eau, on veut dire par là qu'il n y a rien d'autre dans la bouteille que de l'eau. De la même manière le Saint-Esprit remplit cette personne jusqu'à enlever le péché. I Timothée 3:9 parle d'une conscience claire

voulant dire un cœur saint qui mène à une vie sainte. Cette personne est capable de faire ce que Dieu veut parce qu'il est rempli de l'esprit de Dieu.
   b. Deutéronome 1:13 et Actes 6:3 disent que les leaders doivent avoir la sagesse et la compréhension. La sagesse et la compréhension sont des termes interchangeables dans la Bible. La personne qui est sage évite le mal. Si vous et moi comprenions le plan de Dieu pour nos vies, nous fuirions devant le péché. Les leaders chrétiens se gardent du péché.
   c. Exode 18:21 dit que nous devons choisir « des hommes qui craignent Dieu ». Craindre Dieu c'est se détourner du mal (Job 1:1, 8). Cela ne veut pas dire s'éloigner de Dieu, mais s'éloigner de tout ce qui s'oppose à Dieu, qui est saint. L'apôtre Paul dit aux Corinthiens : « Soyez mes imitateurs, comme je le suis moi-même de Christ » (I Corinthiens 11:1). Les leaders dirigent par l'exemple.

2. **Dignes de confiance (Exode 18:21; Malachie 3:8-10; I Timothée 3:3, 8, 11)**
   a. Qui ne veut pas qu'on ait confiance en lui ? Le fait d'être digne de confiance est associé à l'honnêteté. C'est un trait de caractère plutôt qu'un souhait. L'Ancien comme le Nouveau Testaments l'exigeaient de ceux qui exerçaient un leadership. C'est aussi notre norme. Si quelqu'un est fidèle cela veut dire qu'on peut compter sur lui. Cela a à voir avec ce que dit quelqu'un. On peut croire aux paroles de quelqu'un. Quelqu'un admettra qu'il a dit ce qu'il a dit, malgré que ce fut faux. Quelqu'un qui n'essaiera pas de s'excuser dans le seul but de plaire. Il ne craint pas les hommes, mais Dieu.
   b. Même en matière d'argent on fait confiance aux leaders. Ils sont fidèles en ce qui concerne les dimes et les offrandes. Ils sont des modèles. ils n'ont pas l'amour de l'argent, mais de Dieu, des hommes et de leurs responsabilités. L'argent est un moyen et non une fin en soi.

3. **Respectés par les gens (Deutéronome 1:13; I Timothée 3:2, 7, 8, 11)**
Le dernier point concernant les leaders est le respect que les gens vous donnent à cause de ce que vous êtes. Le respect reflète quelque chose par rapport au caractère d'une personne par opposition à la position que la personne occupe. I Timothée. 3:7 dit que nous devons être respectés de ceux qui ne sont pas membres de l'église. Ceci montre combien le respect est important. Les leaders n'exigent pas le respect, ils le gagnent par leur mode de vie. Ils ne sont pas du tout partiaux. Ils traitent tout le monde sur le même pied d'égalité. Si une personne a tort, peut importe qui ou quoi elle est. Si elle a raison, peu importe qui ou quoi elle est. Elle ne fait pas de favoritisme et ne craint personne mais respecte tout le monde.

Questions à discuter:
   a. Citez quatre caractéristiques que doivent avoir des leaders pour être élus dans l'église.
   b. Pourquoi les gens de bon caractère doivent-ils être éligibles pour le leadership? Discuter.
   c. De quels genres de leaders l'Eglise du Nazaréen a besoin dans les églises locales ?

Conclusion:
Nous avons besoin de leaders approuvés de Dieu, respectés des gens et qui soient des modèles de notre héritage de la sainteté. Le caractère constitue le secret du leadership. Le proverbe dit : « Les actions sont plus éloquentes que les paroles ». Les croyants furent appelés chrétiens en premier lieu à Antioche.

Leçon 38 : L'ORDRE DANS LE CORPS DE CHRIST EST UNE NECESSITE

Passages bibliques: I Corinthiens 12:12-30; 14:26-40

Verset à mémoriser: I Corinthiens 14:33a, 40
« Car Dieu n'est pas un Dieu de désordre mais de paix… Mais que tout se fasse avec bienséance et ordre. »

Explication du verset:
Le meilleur endroit où on est supposé trouver l'ordre et la décence c'est parmi les disciples de Christ. Il en est ainsi parce que Dieu est un Dieu d'ordre et de paix. Jésus est le Roi de Paix. Les rencontres de l'église doivent être pacifiques à cause de son Roi.

Objectifs : A la fin de la leçon les étudiants devraient être capables d' :
a. Avoir
b. Etre
c. Etre

Introduction:
« Sujet à la loi en vigueur, les articles d'incorporation et le règlement intérieur du gouvernement dans le *Manuel,* les réunions et comptes-rendus de l'Eglise du Nazaréen, au niveau local, au niveau du district et l'église générale, et les comités de corporation seront réglementées et contrôlés selon *le Robert's Rules of Order* (Édition la plus récente) pour" pour les procédures parlementaire *en vigueur.* » Discuter sommairement de cette déclaration du *Manuel* avec la classe.

Comment fonctionne le corps humain ?
Le corps a différentes parties qui fonctionnent de façon harmonieuse. Il n'y a aucun désordre dans le corps. Chaque partie joue son rôle au moment opportun sans déranger les autres parties. En réalité les autres parties viennent au secours de la partie qui a un problème sans en avoir reçu la demande. Elles travaillent ainsi au profit l'un de l'autre pour le bénéfice du corps. Elles s'assurent que le travail de tout le corps s'opère parfaitement en travaillant pacifiquement de manière ordonnée. L'église doit travailler de façon similaire dans toutes ses rencontres, ses conseils ou ses autres responsabilité dans l'église.

Comment l'église conduit-elle son conseil et ses rencontres ordinaires ?
La Bible dit que tout doit être fait de façon décente et ordonnée, (I Corinthiens 1:40). Pour son conseil et ses rencontres ordinaires, l'église doit adopter une conduite. Paul parle de trois prophètes parlant l'un après l'autre, ou de ceux qui ont le don du parler en langue et qui parlent l'un après l'autre. Ceci signifie que ceux qui participent dans les réunions doivent apprendre à attendre et à écouter ce que les autres disent afin de comprendre ce qui se dit. Ainsi, on pourra répondre convenablement à ce qui a été dit même si cela signifie s'opposer à l'autre personne. Ceci permettra aussi à l'autre personne de répondre à ce qui a été dit au lieu de s'attaquer à l'autre membre du conseil. Nous pouvons tous chanter ensemble en même temps, mais seulement une personne peut parler tandis que les autres écoutent. Privilégions l'harmonie dans nos réunions au lieu du désordre et de la confusion.

Que disent les Règles de l'Ordre de Robert ?
Concernant le conseil et les rencontres ordinaires le *Robert's Rules of Order* nous donnent un ordre dans la prise de parole pour répondre au besoin d'harmonie. Elle dit qu'une personne devrait parler pendant que les autres écoutent ce qui se dit. chaque membre parlera ensuite fois, une décision devrait être prise sans besoin d'argumenter encore et encore. Un vote par les membres constitue une décision du conseil. C'est le moment de résoudre le problème ou de prendre une décision par rapport à ce qui doit être fait. C'est la preuve qu'une réunion ou un conseil est constitué de plusieurs personnes et non pas seulement d'une ou de deux personnes de forte influence. C'est le conseil qui est en session et non une personne ou certains individus.

Ceci implique que les responsabilités devraient être planifiées et réparties parmi les membres de l'église en fonction des capacités et des dons spirituels de chaque membre. Une seule personne ne peut pas tout faire ! Pourquoi ? Parce qu'une seule personne ne peut pas réunir tous les dons ! Lire 1 Corinthiens 12:27-30. Le Saint-Esprit a donné aux membres de l'église des dons différents pour un seul but : afin que le fonctionnement du Corps de Christ soit harmonieux. Si quelqu'un se force à tout faire, l'église cesse alors de fonctionner.

Quels en seront les conséquences si nous suivions ces règles ?
Si ces règles d'ordre sont suivies il n'y aura nullement besoin de monopoliser les réunions de conseil. Tout participant à la réunion du conseil éprouvera de la satisfaction. Cela résoudra aussi la question de l'orgueil dans les réunions et apportera la paix et l'unité dans l'église. L'amour de Christ dont on parle tant doit être démontré dans les réunions ordinaires. C'est un des endroits où nous devons pratiquer ce que nous prêchons ou enseignons. Quelle occasion de donner à Dieu la gloire qu'il mérite! Ainsi, pourra tout faire de façon convenable et ordonnée. La Bible dit que Dieu n'est pas un Dieu de désordre mais de paix… et que tout devrait être fait d'une façon décente et ordonnée. (I Corinthiens 14:32, 40).

Questions à discuter:
a. Y a t-il une personne qui a tous les dons spirituels ? Pourquoi?

b. Est t-il possible d'avoir l'ordre et la paix dans le conseil de l'église ? Comment?

c. Discuter sur I Corinthiens 14:40

Conclusion:
Etant donné que Dieu est un Dieu d'ordre et de paix, les rencontres de l'église constituent le meilleur endroit où nous devons apprendre l'ordre, la paix et l'harmonie. La vraie spiritualité doit être expérimentée dans nos rencontres d'église, parce que le Saint-Esprit qui est saint est présent dans l'église. Le Dieu de paix est aussi présent dans l'église. Permettons à Dieu de prendre le contrôle de nos vies, même lors les rencontres à l'église parce que nous sommes son église.

Leçon 39: UN MARIAGE HEUREUX (1ère PARTIE)

Passages bibliques: Matthieu 19:1-9; Colossiens 3:1-21

Verset à mémoriser: Genèse 2:24
« *C'est pourquoi l'homme quittera son père et sa mère, et s'attachera à sa femme et ils deviendront une seule chair.* »

Explication du verset
Le mariage a été institué par Dieu pour être une union mutuelle entre un homme et une femme pour la communion, l'amour et l'entraide. Les deux doivent volontairement et par amour entrer dans cette union qui les rend une seule chair. Ils doivent tous les deux vivre et s'accrocher l'un à l'autre si le mariage doit durer.

Objectifs: A la fin de la leçon les étudiants devraient être capable d':
a. Expliquer les caractéristiques d'un mariage chrétien
b. Identifier les causes ordinaires des échecs dans le mariage
c. Identifier les étapes d'un mariage réussi

Introduction
Quelqu'un adit : « Sur une douzaine de couples mariés quatre divorceront, six tiendront sans joie, ni amour à cause des enfants, de la carrière ou de l'église et seulement deux jouiront d'un mariage heureux. ». Discutez sommairement de la véracité de cette affirmation.

1. Les caractéristiques d'un mariage chrétien
Ayant été consacré par Dieu, le mariage devrait encore avoir Dieu pour guide si nous voulons qu'il réussisse. La vision chrétienne du mariage est différente de celle du monde: Pour le chrétien le mariage doit être:

a. **Permanent** – L'intention de Dieu pour l'alliance du mariage est qu'il dure aussi longtemps que les deux parties sont en vie (Mt 19:5-6). C'est bien triste qu'aujourd'hui, le divorce est en train d'être considéré comme une pratique normale. Pour que le mariage soit permanent les deux parties doivent jouer fidèlement leur rôle.

b. **Une relation d'amour mutuelle.** Le motif pour vivre et s'attacher ne doit être rien d'autre que l'amour. Le véritable amour désire partager, fortifier l'autre, respecter et accepter l'autre avec ses défauts. Le véritable amour apporte la réconciliation en temps de dispute.

c. **Une relation d'entraide (vs. 5).** Nous venons ensemble dans le mariage pour nous complimenter mutuellement et non pour compétir. Nous devons nous entraider. Pour la réussite du mariage, il faut que les deux soient disposés à s'élever l'un l'autre. Cela ne peut se faire que par des compliments positifs qui renforcent l'estime de soi et le souci de l'autre.

2. Des causes possibles de divorce.
Même si Dieu a institué le mariage pour toute la vie, le divorce a pris son essor à cause de la condition déchue de l'homme. Ci-dessus, sont mentionnées certaines causes de divorces auxquelles les étudiants classe peuvent ajouter d'autres causes:

a. **Un mauvaise fondation** – le succès ou l'échec d'un mariage dépend fortement de la manière dont un couple y entre. Si Dieu et sa volonté ne sont pas impliqués dès le début dans un mariage, les probabilités d'échec seront grandes.

b. **Le motif du mariage** – Beaucoup de personnes ont diverses raisons de se marier. Si certains motifs sont dus à l'égoïsme, le mariage peut ne pas durer. Par exemple, l'homme était simplement intéressé par la beauté physique de la femme.

c. **L'infidélité conjugale du mari (vs. 9)**

d. **Le statut financier** – La pauvreté ou l'excès de richesse, s'ils ne sont pas bien gérés peuvent devenir un terreau fertile pour un désastre conjugal.

3. Faire en sorte que le mariage soit un lieu d'épanouissement

Que le mariage devienne une torture ou une heureuse aventure, cela dépend en grande partie des efforts du couple. En tant que chrétiens nous devons :

a. Prier l'un pour l'autre en tant que couple .Nous avons besoin de la grâce de Dieu chaque jour dans notre mariage. Si vous aimez votre partenaire, vous allez prier pour lui/elle.

b. Une patience mutuelle – on a besoin de supporter nos défauts l'un comme de l'autre car nous sommes des êtres humains et non des anges.

c. La recherche de conseils et d'aide dès le début pour sauver un mariage est un signe de force non d'échec comme certains voudraient le faire croire.

d. Chaque jour, exprimer l'amour de façon très démonstrative. Faire régulièrement des vrais compliments et de petits cadeaux peuvent être très enrichissants dans un mariage.

Questions à discuter:

1. Comment l'installation de la famille élargie influence-t-elle le succès ou l'échec des mariage?

2. Comment les règles de la vie de sainteté édictées en Colossiens 3:1-17 renforcent-elles les vérités apprises aujourd'hui?

3. Quel est l'impact de ces règles sur les mariages, si elles sont sérieusement suivies par les couples chrétiens ?

Conclusion

Encouragez chaque étudiant à identifier dans son mariage un domaine à améliorer s'il décidait d'y mettre le prix. Demandez à chacun d'eux de prier pour son mariage tout en s'engageant à en faire un mariage heureux.

Leçon 40: UN MARIAGE HEUREUX (2ème PARTIE)

Passages bibliques: Ephésiens 5:21-33
Objectives: A la fin de la leçon les étudiants devraient être capables d':
   a. Expliquer le rôle du mari dans le mariage
   b. Expliquer le rôle de la femme dans le mariage.

Verset à mémoriser: Colossiens 3:18-19
« *Femmes soyez soumises à vos maris comme il convient dans le Seigneurs. Maris, aimez vos femmes, et ne vous aigrissez pas contre elles.* »

Explication du verset à mémoriser:
Dieu conçut le mariage de telle sorte que chaque partenaire (le mari et la femme) ait un rôle à jouer dans le mariage pour qu'il réussisse. Quand l'un échoue à remplir son rôle le mariage est en danger. Les maris doivent aimer leurs femmes et les femmes doivent se soumettre à leurs maris et les honorer.

Introduction
En commençant par vous-même, demandez à deux autres volontaires dans la classe de témoigner comment leur épouse leur ont témoigné de l'amour, de la soumission, les ont honoré durant les deux dernières semaines.

1. Le rôle du mari (Ephésiens 5:25-29)
Les maris sont appelés par Dieu à aimer leur femme. Cet amour doit être démontré quotidiennement. il devrait être exprimé de la manière suivante :
   a. Les maris doivent montrer à leurs femmes qu'elles sont dignes et quelles ont de la valeur **(vs. 28)**. Quiconque s'aime se valorise. du fait que nous formons une seule chair, les maris doivent par conséquent valoriser leur femme. Des compliments volontaires et honnêtes et une appréciation en public et en privé doivent être exprimés régulièrement.
   b. « ...la nourrit... » **(vs. 29)** – Les maris doivent satisfaire les besoins physiques de leurs femmes. Le véritable amour partage et donne. Les habits, la nourriture et les cadeaux sont des choses que le mari peut offrir à son épouse.
   c. « ....en prend soin... » **(vs. 29)** – Toute femme mariée désire se sentir en sécurité, protégée avec beaucoup de tendresse loin de toute insécurité. La sécurité peut résulter de la fidélité ou de la protection contre la famille élargie ou de tout autre danger.

2. Le rôle des femmes (vs. 21-22)
Se soumettre signifie se donner ou abandonner ses droits ou se rendre volontairement. La soumission permet d'amener l'ordre et la paix entre deux êtres humains égaux. La soumission peut être visible à travers :
L'honneur et le respect envers le mari
   a. L'obéissance « comme envers le Seigneur » (vs. 22). Faites le comme si c'était pour le Seigneur que vous le faisiez. Tout comme l'église obéit à Christ (vs. 23-24)
   b. Laisser le dernier mot au mari quand il s'agit d'une prise de décision (vs. 23)

Questions à discuter:
   a. De quelles autres façons les maris peuvent-ils exprimer de l'amour à leur femme?
   b. De quelles autres manières les femmes peuvent-elles montrer de la soumission a leur mari?
   c. Identifier certaines forces et faiblesses de votre culture concernant la soumission des femmes
   d. Certaines femmes subissent des abus au nom de la soumission. Discuter.

Conclusion
Le plan de Dieu est que les mariages soient heureux et réussis. Pour cela, chaque partenaire doit jouer fidèlement son rôle. Il est nécessaire de faire un effort quotidien pour démontrer l'amour et en tant que chrétiens nous avons besoin de la grâce de Dieu pour nous aider. Demandez aux étudiants de prier afin de pouvoir faire des contributions significatives dans leur mariage.

www.ingramcontent.com/pod-product-compliance
Lightning Source LLC
Chambersburg PA
CBHW080940040426
42444CB00015B/3392